SLAPELOOSHEID

hoe kom je ervan af?

*Een Gezond Zelf-Gevoel gids
voor mensen met een slaapprobleem*

ANTOINETTA VOGELS

BALBOA.PRESS
A DIVISION OF HAY HOUSE

Boeken van Balboa Press kunnen worden besteld bij boekwinkels of door contact op te nemen of door contact op te nemen met:

Balboa Press
A Division of Hay House
1663 Liberty Drive
Bloomington, IN 47403
www.balboapress.com
844-682-1282

Oorspronkelijke titel: How to Overcome INSOMNIA All by Yourself.
Uitgeverij Balboa Press International
© Copyright 2020 Healthy Sense of Self
All rights reserved

Omslagontwerp van Marco Scozzi
Illustraties Laura Vogels

Afdrukinformatie is beschikbaar op de laatste pagina.
ISBN: 979-8-7652-3891-2 (sc)
ISBN: 979-8-7652-3890-5 (e)
Balboa Press rev. date: 09/14/2023

HealthySenseOfSelf Publications®
Meer over **Gezond Zelf-Gevoel** op: www.gezondzelfgevoel.nl
email: contact@zelfgevoel.nl

Disclaimer

De inhoud van dit boek heeft alleen een informatief en educatief oogmerk. Niets in dit boek pretendeert op enigerlei wijze fysieke, mentale, emotionele, spirituele, psychologische, psychiatrische of medische condities of ziekten van welke aard dan ook te genezen, voorkomen, behandelen of diagnosticeren. Mocht u een van deze of andere problemen hebben, dan raden wij u aan een ter zake kundige, competente, bevoegde persoon te consulteren.

Het gebruik van dit materiaal is geen vervanging voor, en ook niet bedoeld voor gebruik in samenhang met, diensten op het gebied van gezondheid of psychologische, psychiatrische, medische, juridische of andere professionele diensten. De auteur is niet opgeleid of bevoegd als psycholoog, psychiater of medisch beroepsbeoefenaar, en pretendeert ook niet om haarzelf of de inhoud van dit werk in dezen bevoegd te achten.

Al het materiaal van deze website is speculatief en anekdotisch, en is (nog) niet getest of geverifieerd door wetenschappelijk onderzoek.

Wij wijzen u erop dat u door het lezen van (de inhoud van) dit boek ermee instemt dat u als enige volledig aansprakelijk/verantwoordelijk bent voor alle directe of indirecte gevolgen en effecten daarvan. Door het lezen van dit materiaal stemt u ermee in dat iedereen die iets te maken heeft gehad met het produceren ervan niet aansprakelijk is voor enig gebruik, misbruik of niet gebruiken van uw kant van de inhoud van dit boek/deze website.

Inhoudsopgave

Dit boekje draag ik op

aan alle mensen
die nachten hebben waarin ze slecht, heel slecht of helemaal niet
slapen en voor wie het daardoor onmogelijk is om tot volle bloei te
komen in hun leven.

aan alle mensen
die hun kinderen groot moeten brengen terwijl ze 's nachts geen
oog dicht doen.

aan alle kinderen
wier ouders niet geslapen hebben, waardoor deze zichzelf niet
kunnen zijn en jullie daarom niet de aandacht kunnen geven waar
jullie recht op hebben.

aan alle mensen
die in hun auto op de weg zitten en een gevaar zijn voor zichzelf
en voor anderen omdat ze niet zo alert zijn in het verkeer als
gewenst is.

aan alle mensen
die een verantwoordelijke functie hebben in een bedrijf of op de
fabriek en wier leiderschap aanvechtbaar is geworden vanwege hun
chronische vermoeidheid.

aan alle mensen
die op de fiets met een slaperig hoofd naar hun werk moeten en
daardoor grotere kans hebben op ongelukken.

Aan alle mensen
die met pensioen zijn en zich hadden verheugd om op actieve en
plezierige manier hun gouden jaren door te brengen en die nu niet
alleen geen werk meer hebben en het gevoel hebben dat ze hun
doel in het leven hebben verloren, maar die nu ook zichzelf in de
weg zitten omdat ze niet in slaap kunnen komen of veel te vroeg
wakker worden.

En ten slotte aan al mijn medemensen
die, zoals ik ooit, dagelijks vechten om in slaap te komen en in de
clinch liggen met de gevolgen van hun nachtelijke,
ongewenste avonturen.

Opmerking van de auteur

Sterk aanbevolen aanvullende lectuur

Toen ik me voor het eerst, het was 1985, begon te verdiepen in het concept zelfgevoel was er publiekelijk nauwelijks informatie over beschikbaar en dus moest ik zelf de punten die ik zo al tegenkwam bij mijzelf en anderen, met elkaar verbinden. Sinds het begin van de jaren '90 is er echter behoorlijk wat onderzoek gedaan en er is nu een schat aan academische kennis die, gelukkig, mijn vroege, leken conclusies in alle opzichten bevestigt.

De meest opvallende ontdekking op dat gebied is tevens mijn meest recente: The Body Keeps the Score door Bessel van der Kolk, MD, ook vertaald in het Nederlands onder de naam Traumasporen. Dit boek reflecteert Dr. Van der Kolk's onderzoek op het gebied van psychologie, neurowetenschappen, en specifiek van traumaheling. Mijn kennisname van zijn werk ging gepaard met een fantastisch gevoel van bevestiging van mijn persoonlijke bevindingen en derhalve van de opzet van mijn daarop gebaseerde *Zelf-Gevoel Theorie en Methode*.

Dr. Van der Kolk is voor een academicus vrij revolutionair, als ik dat zo mag noemen, omdat hij mensen in hun persoonlijk initiatief om het beste te maken van hun specifieke vaak bijna onmenselijke persoonlijke ervaringen actief stimuleert. Naast het vergaren van dieper inzicht, al dan niet met de hulp van een professional, is het toch vooral van belang dat degenen onder ons die met jeugdtrauma te maken hebben (gehad) ons leven kunnen leiden en begrip en waardering kunnen ontwikkelen voor ons eigen denken, voelen, gedragen en onze eigen reactie op dingen. Ik denk dat mijn benadering van een **Gebrek aan Zelf-Gevoel*** daarvan een goed voorbeeld is.

---

* Zie voor woorden in grijs vet de *Woordenlijst* op pagina 143.

Helaas kon ik vanwege de timing van deze ontdekking geen verwijzingen naar zijn werk in dit boek opnemen. Ik ben Dr. Van der Kolk echter zeer dankbaar voor het inzicht dat hij mij, ook in het interview dat ik op16 Februari 2021 met hem mocht hebben (Google) in dit onderwerp heeft gegeven.

Ik hoop dat U de tijd zult nemen om zijn werk te lezen om meer te weten te komen over hoe de invloed van negatieve ervaringen uit de kindertijd op de ontwikkeling en vorming van de fysieke hersenen tegenwoordig wordt begrepen: hoe deze ontwikkeling zich aan past aan, gekleurd wordt door de ondergane ervaringen en trauma's. Een van die trauma's of een gevolg daarvan is slapeloosheid. *Slapeloosheid, hoe kom je ervan af* kan je helpen je kennis van de innerlijke werking van je eigen geest en emoties te verdiepen.

Kennis is macht, en met alle informatie die nu zo gemakkelijk beschikbaar is, hoef je geen expert in psychologie te zijn om te begrijpen wat er in jezelf omgaat. Hoewel mijn stem niet die van een 'dokter' is, ben ik er toch in geslaagd om door vastberadenheid en hard te werken, mijn eigen waarheid te vinden. Jij/U kunt dat ook.

Hoewel mijn boek alleen mijn persoonlijke achtergrond weerspiegelt en beschrijft hoe het niet ontvangen van adequate mentale en emotionele zorg in mijn kindertijd mijn levenswandel heeft beïnvloed kan de Zelf-Gevoel Methode een waardevolle hulpbron zijn voor iedereen die lijdt onder de gevolgen van een pijnlijke of verwarrende jeugd.

"…Vooral de meisjes konden soms overdreven inschikkelijk gedrag vertonen. Ongeacht of ze dwars of juist buitengewoon aanhankelijk waren, leek geen van hen in staat om de wereld te verkennen en te spelen op een manier die kenmerkend is voor kinderen van hun leeftijd. Sommigen van hen hadden nauwelijks een zelfgevoel ontwikkeld – ze herkenden zichzelf niet eens in de spiegel…"

– Prof. dr. Bessel van der Kolk, *Traumasporen, Het herstel van lichaam, brein en geest na overweldigende ervaringen*, Hoofdstuk 7 blz. 1 (ISBN 978 94 6316 031 5 - Nederlandse editie 2016).

Voorwoord

De Zelf-Gevoel Methode
om van je slapeloosheid af te komen

Als het je heel vaak overkomt dat je de slaap niet kunt vatten zeg je: 'Ik kon weer eens niet slapen'. In dit boek heb ik dit woord dan maar tot een begrip gemaakt. Niet-slapen is hetzelfde als 'aan insomnia lijden'. Het betekent dat je een slaapprobleem hebt. Er zijn veel boeken over dit onderwerp geschreven, maar voor de meeste mensen is het toch een probleem waar ze geen duidelijk inzicht in kunnen krijgen. Als je er te veel last van hebt, ga je naar de dokter.

Artsen schrijven vaak slaaptabletten voor, maar helpen je niet om het probleem te doorgronden. Psychologen doen erg hun best om je te helpen, maar insomnia is een complex probleem en de oorzaak ervan ligt vaak heel diep verscholen in je onderbewuste. Om hier samen met je arts diepgaand onderzoek naar te kunnen doen heb je veel tijd en uithoudingsvermogen nodig. Dat is niet altijd voorhanden. Daarom is het, in onze tijd, steeds vaker wenselijk om het heft in eigen handen te nemen als dat enigszins mogelijk is.

Stel je eens voor hoe dat ook de maatschappelijke gezondheidszorg zou ontlasten als iedereen zich verantwoordelijk zou voelen om een **Gezond Zelf-Gevoel** op te bouwen. Het zou het aantal medicijnen dat moet worden vergoed drastisch terugbrengen.

Dit boek is voor jou als je er echt iets voor over hebt om je slaapprobleem op te lossen. Ik bedoel hier: als je er tijd en moeite aan wilt besteden om in je verleden te duiken en conclusies die je toen getrokken hebt, te herzien. De oplossing die in dit boek beschreven wordt helpt jou als je besluit dat je genoeg geplaagd bent door een probleem dat voor de buitenwereld nagenoeg onzichtbaar is. Als je je niet-slapen ervaart als een lijdensweg waar je alleen voor staat.

Als het je vaak gebeurt dat je wekker je 's morgens onbarmhartig uit je slaap rukt, terwijl je nauwelijks een half uurtje slaap hebt genoten. Je moet er toch uit, omdat je werk nou eenmaal om acht uur begint, of omdat je kindje op je ligt te wachten. Of als je, na veel draaien en woelen, uiteindelijk toch uitgeput in slaap bent gevallen en je 's morgens verward wakker wordt met een oogmigraine, omdat je hele zenuwstelsel op tilt is geslagen. Als je weet dat je slapeloosheid je wezen in feite helemaal verplettert, omdat je, zelfs als je wel hebt geslapen, geobsedeerd bent door kwesties als: of je goed hebt geslapen; of je niet hebt geslapen; of je een beetje hebt geslapen; of je hoofdpijn hebt; of dat je 's middags een tukje moet doen. Als deze dingen voor jou gelden, ben je waarschijnlijk wel gemotiveerd om er iets aan te willen doen.

Ik moet vooropstellen dat er voor het oplossen van je slaapprobleem geen 'quick fix' is. Tenminste, zo was het niet voor mij. Ik was lid van een gerenommeerd symfonieorkest en heb die baan vaarwel gezegd om beter voor mijn dochters te kunnen zorgen. Zo kreeg ik ook meer tijd om uit te zoeken wat er nou eigenlijk aan de hand was, aangezien artsen mij niet konden helpen.

Als je zoveel last hebt van je slapeloosheid, dan moet je bepaalde stappen durven nemen. Door het sleutelen aan jezelf, ook al is het nog zo lastig, verbetert uiteindelijk je levenskwaliteit aanzienlijk. Maar je moet er wel tijd voor maken.

Ik ben geen arts en spreek alleen uit ervaring. Jarenlang heb ik mijzelf bestudeerd. Zo ben ik tot de conclusie gekomen dat je een duidelijk onderscheid kunt maken tussen de verschillende vormen waarin slapeloosheid optreedt. Waarschijnlijk zijn niet alle slaapproblemen oplosbaar met mijn SoS Methode, want zoals je in het korte overzicht kunt zien zijn er een heleboel verschillende soorten slaapproblemen. Zie blz. 131 voor een overzicht van de verschillende soorten slaapproblemen.

Het is een van mijn diepste wensen mijn Zelf-Gevoel Methode officieel door de wetenschap te laten testen. Zolang dat niet is gebeurd kan ik geen wetenschappelijk gefundeerde beweringen doen, maar dat wil niet zeggen dat ze niet waar zijn! Dat moet je voor jezelf concluderen door de Methode op jezelf toe te passen.

Mijn methode is eigenlijk speciaal geschikt voor slaapproblemen waarbij je zorgen, groot of klein, niet aan de oppervlakte komen. Je blijft wakker maar ligt niet te malen over problemen die gedurende de dag op je weg komen. De Zelf-Gevoel Methode is bedoeld voor slaapproblemen waarvan de oorzaak speelt op een onderbewust niveau (PESI type slaapprobleem)*.

Hoeveel andere soorten slaapproblemen er zijn maakt eigenlijk niet uit. Zelf ben ik ervan overtuigd dat iedereen met het lezen van dit boek zijn voordeel kan doen, maar dat wil niet zeggen dat ieders problemen daarmee acuut opgelost zijn.

De uiteindelijke oplossing ligt in de kunst totaal jezelf te zijn. En als je zo'n onbewust slaapprobleem hebt, ben je je er juist niet van bewust dat je *niet* jezelf bent. Je hebt er geen weet van dat je achter iets aan loopt dat een vervanging is van wat je eigenlijk zou moeten hebben: *een duidelijk gevoel van jezelf, je gezonde zelf-gevoel*. Je hebt niet bewust door dat je niet bezig bent *je eigen* leven te leiden. Met de Zelf-Gevoel Methode is het de bedoeling dat je deze verkeerde richting in je leven dóór krijgt, deze verandert en daardoor weer lekker kunt slapen. Hoe je dat moet doen? Door te leren het verschil te ervaren tussen enerzijds wat je doet (of laat) omdat het *moet* of omdat *je het echt zelf wilt*, en anderzijds wat je doet omdat je afhankelijk bent van het resultaat ervan om goedkeuring te krijgen.

En om dat verschil te leren zien en te kunnen ervaren is de Zelf-Gevoel Methode ontwikkeld. Ga op weg, doe die stap, kijk naar binnen en genees jezelf!

---

* Voor informatie betreffende het PESI type slaapprobleem zie pagina 137.

Niet-slapen,
een vloek of een zegen?

Slapeloosheid
als hulpmiddel om jezelf terug te vinden

Slapeloosheid gooit roet in het eten, tast de kwaliteit van je leven aan en is niet goed voor je algehele gezondheid. Je wilt er graag van af maar er is nog geen duidelijke oplossing gevonden voor dit probleem. Als ex-slapeloze wil ik je daarom graag vertellen hoe ik me van mijn chronische slapeloosheid af heb weten te helpen.

Er zijn twee manieren waarop je naar een PESI type slaap-probleem kunt kijken. Ten eerste kun je proberen *inzicht* te krijgen in de reden dat jou dit overkomt, zodat je je leven op adequate wij-ze kunt aanpassen om van het probleem af te komen. In dit boek wordt niet-slapen gezien als het gevolg van een gebrek aan zelf-ge-voel en de compensatie daarvoor: afhankelijkheid van goedkeuring.

Een andere manier is slapeloosheid te zien als sabotage van je gewoonte jezelf voorwaarden op te leggen en dingen te doen om waardering te oogsten en een goedgevoel. Dit *goedgevoel* gaat namelijk functioneren als een soort kunstmatige zelf. Sabotage hiervan is *een redmiddel dat de Natuur je aanreikt* om de weg naar jezelf terug te vinden. In dit hoofdstuk worden beide zienswijzen toegelicht; ze helpen elkaar om je een handvat te geven waarmee je je slapeloosheid kunt aanpakken.

In de loop van mijn eigen ervaring met slapeloosheid heb ik ontdekt dat je

- met een gebrek aan zelf-gevoel geen echte verbinding voelt met je eigen persoon, maar in plaats daarvan een **Goed-gevoel-over-jezelf** als een vorm van jezelf ervaart

- dat *goed-gevoel-over-jezelf* verwart met wat je echte gezonde zelf-gevoel zou moeten zijn

- het krijgen van goedkeuring nodig hebt om je goed te voelen over jezelf

- een slaaf wordt van het verdienen van goedkeuring

- deze ongezonde situatie zelf saboteert en dat daardoor al het goede dat je voor elkaar krijgt in je strijd om dat goed-gevoel-over-jezelf te krijgen telkens door je niet-slapen teniet wordt gedaan.

Als jij een slaapprobleem hebt, en je wilt ervan af, vraag je dan af *waarom* je doet wat je doet. Wat is jouw drijfveer om te proberen bepaalde, voor jou belangrijke dingen, te realiseren? Als je daar achter kunt komen, ben je een goed eind op weg om jezelf te bevrijden van het verlammende niet-slapen.

Dit boek heb ik kunnen schrijven omdat ik op een gegeven moment heb begrepen waaróm ik alles deed in mijn leven. Het ging eigenlijk altijd om het krijgen van erkenning. Om een gevoel te krijgen dat ik 'ertoe deed'. Om een gevoel te krijgen dat ik van waarde was in plaats van een bron van problemen, ziekte en zorgen. Ik hoop dat mijn verhaal bij jou wat losmaakt en dat je, daardoor een stuk van je eigen leven terugkrijgt. Ik hoop ook dat je, door te begrijpen hoe het bij mij in elkaar zat, bereid zult zijn om aan jezelf te werken en jezelf beter te leren kennen. Uiteindelijk zul je dan met een gerust hart naar bed kunnen gaan omdat je weet dat je gewoon lekker zult slapen.

In mijn geval denk ik dat ik graag het gevoel had willen hebben dat mijn ouders blij met me waren. In plaats daarvan had ik sterk het idee dat ze mij een lastpak vonden die altijd wat had en overal te laat kwam. Een egocentrisch wicht dat zich zo nodig te pletter moest studeren om goed te worden in de muziek. Want ja, ze vonden het wel leuk dat ik op het conservatorium zat, maar studeren, dat mocht ik eigenlijk niet, dat was overdreven.

De piano stond in de woonkamer dus dat was niet handig, en als ik drie keer het zelfde stuk speelde (om te oefenen) werd dat werd dat niet geapprecieerd. Je kon maar beter een borrel drinken op happy hour. 'Dat is toch veel gezelliger. Dat doen we toch allemaal! Waarom moet jij het nou zo nodig anders doen?'

'Wees toch jezelf!' *Wees toch jezelf* betekende toen vooral: *doe zoals wij doen*. Het gevoel van rust, van weten dat je oké bent, heb ik nooit gekend. Ik heb me mijn leven lang in bochten moeten wringen om dat gevoel te veroveren en eindelijk een goede nachtrust te genieten.

Uitzoeken waarom ik niet sliep heeft me enorm geholpen. Ik heb er heel lang over gedaan, ik geloof wel 30 jaar. Want 30 jaar geleden werd mijn eerste baby geboren. Toen mijn zwangerschapsverlof voorbij was en ik weer aan 't werk moest, kon ik van de ene op de andere dag niet slapen. Dit boekje is bedoeld om jou de handvaten aan te reiken die mij indertijd zo geholpen hebben. Hopelijk kun je daar iets mee zodat ook jij minder of helemaal geen slaapproblemen meer zult hebben.

Als eerste zou ik je willen vragen of je je ook vaak verloren voelt. Net alsof er iets mis is met je. Dat had ik dus. Dat negatieve gevoel wilde ik met alle geweld weg hebben en ik probeerde het te compenseren door heel hard te werken en de dingen perfect voor elkaar te krijgen. Ik wilde zo ontzettend graag dat mijn ouders uiteindelijk dat grote JA in hun hart zouden voelen tegenover mij. Dan zou ik het gevoel krijgen dat ze trots op me waren en misschien wel echt van me hielden.

Misschien zouden mijn ouders dan in staat zijn om hun eigen belangen af en toe eens opzij te zetten. Zich te verdiepen in het wereldje van hun kind in plaats van er zoveel belang aan te hechten of ze hun borreltje wel op tijd kregen of tijd overhielden om hun hobby uit te oefenen. Alles moest precies volgens de regels van de grote mensen. Dat was zo in die tijd.

Ik herinner me nog goed dat het voelde alsof de huisregels bij ons thuis veel belangrijker waren dan ik. Ik was als een onbeschreven blad papier. Ik kwam nog maar net kijken en was heel voorzichtig de wereld aan het verkennen. Bij een kind komt alles veel heftiger aan.

Zo hoorde ik mijn vader regelmatig tegen mijn broer zeggen, 'Je bent een nagel aan mijn doodskist.' Dat mogen dan wel alleen woorden zijn, maar dat zijn toch eigenlijk geen dingen die je tegen je kinderen kunt zeggen. Tegen mij werd gezegd, 'Och jij, jij hebt ook altijd wat.' Met andere woorden, 'je gooit altijd roet in het eten'. Of wat ik ook vaak te horen kreeg was: 'je gooit je eigen glazen in. Iedereen loopt bij je weg, geen mens houdt het bij je uit.' En dat moet je dan, als lief klein meisje, allemaal gewoon naast je neerleggen en lekker je eigen leventje leiden? Ja, misschien zijn er van die kinderen die dat wel kunnen. Ik kon het niet. Ik moest en zou al die dingen weerleggen en bewijzen dat het niet zo was als zij dachten. En daar ben ik een leven lang mee bezig geweest.

Als je op latere leeftijd te maken krijgt met een slaapprobleem heeft dat vaak nog steeds te maken met dit soort boodschappen die je ooit van huis uit hebt meegekregen.

Er zijn waarschijnlijk vaak genoeg momenten geweest in je leven die toen misschien niet zo belangrijk leken maar die toch de fundering vormen van hoe je je over jezelf voelt.

Zo probeerde ik bijvoorbeeld altijd een reden te verzinnen om te verbloemen dat ik me aan de spelletjes van de buurtkinderen moest onttrekken omdat ik vroeger thuis moet zijn. Ik mocht nooit de 'juiste' kleren aan en moest mijn haar op een tuttige manier dragen, zodat ik weer het gevoel had 'er niet bij te horen'. Met zo'n gevoel begin je dan ook jezelf te presenteren aan andere kinderen en niet met de overtuiging dat het prima is dat je bent zoals je bent. Immers, als je ouders je zo'n spiegel voorhouden, dan weet je niet beter dan dat dat zo is: jij bent niet zoals de andere kinderen. Want je ouders zijn een soort god voor je. Wat *zij* zeggen is, zeker in het begin van je leven, een absolute waarheid.

Ik voelde mij onzeker door de houding van mijn ouders naar mij toe. Ik miste het gevoel van mezelf te zijn. Tegelijkertijd dacht ik ook dat 'mezelf' niet goed genoeg was. Dat ben ik gaan compenseren door het constant verbeteren van mezelf. Ik keek voortdurend naar anderen om te zien hoe die het deden. Hoe zij zich gedroegen. Op die manier groeit er van binnenuit *geen* gevoel van dat het oké is dat jij *jij* bent en dat een ander mag zijn *wie hij of zij* is. Met andere woorden, je ontwikkelt geen zelf-gevoel. Je bent voortdurend bezig om te zorgen dat je mee mag doen, dat je meetelt, want je bent als de dood dat je niet gezien of gehoord wordt.

Je wordt totaal in beslag genomen door alle dingen die je moet doen om je een klein beetje goed over jezelf te voelen. Je bent er voortdurend op uit om waardering te krijgen van je ouders. Je wilt die glimlach op hun gezicht zien, want die laat je voelen dat je deze keer eens niet bekritiseerd wordt.

Zo ben je, zonder dat je het weet, een soort **Vals Zelf-Gevoel (VZG)** aan het opbouwen. Noem het maar even een onecht zelfgevoel. Want de weg naar jezelf is eigenlijk afgesloten. Het krijgen van een goed-gevoel-over-jezelf wordt langzaam maar zeker iets dat je echte zelf-gevoel vervangt. Een duidelijk symptoom waar je dat aan kunt herkennen is die hele sterke drang om aan het eind van de dag een goed-gevoel-over-jezelf te hebben. Daar doe je alles voor.

Een slaapprobleem kan het gevolg zijn van afhankelijkheid van het krijgen van een Goed-gevoel-over-jezelf .

Dat kunstmatige zelf-gevoel is namelijk afhankelijk van een groot aantal voorwaarden waaraan je moet voldoen. Daar kun je heel onrustig en nerveus van worden. Niet alleen moet je aan die voorwaarden zien te voldoen als je die goedkeuring van je ouders/ verzorgers wilt krijgen maar *je hebt ook je zelf niet echt* om op te steunen. Je hebt immers geen contact met je eigen persoon, je **Echte Zelf**. In plaats daarvan vormt dat *goedgevoel* als het ware je denkbeeldige ruggengraat. Daarom wordt het een superbelangrijke zaak om aan die voorwaarden te voldoen, want die ruggengraat kun je niet missen.

Welke rol speelt nu het niet-slapen in dit betoog? Het niet-slapen moet je proberen te zien als de ridder die jou redden wil uit de klauwen van dit ongezonde leefpatroon. Het slaapprobleem wordt in je onderbewuste gegenereerd omdat het de taak heeft om jou af te houden van het naleven van deze zelfdestructieve gewoonten. Als je alleen nog maar kunt leven om aan allerlei voorwaarden te voldoen, ben je zelf niet meer echt aanwezig in je eigen leven. Je bent je zelfs niet eens bewust van je eigen lichaam. Je hebt nooit geleerd om jezelf enige aandacht te geven want je bent bezeten door de behoefte aan goedkeuring.

Niet-slapen kan dus een symptoom zijn van wat ook wel zelfsabotage wordt genoemd. Je kunt dit zien als iets was je zelf onbewust doet met het doel, dingen die je bijna hebt bereikt of waar je bijna succes mee hebt, te laten mislukken. Tenminste, zo lijkt het. In wezen is dit echter een manier van de natuur om jou te helpen. Want het is een natuurwet dat elk wezen zichzelf is, en als je niet slaapt zegt de natuur als het ware tegen je: Let even op! Je bent niet jezelf als je zo achter die dingen aanloopt. Het niet-slapen zorgt ervoor dat je de dingen niet voor elkaar krijgt zoals je ze in je hoofd had. Het wil je laten zien dat je de dingen doet vanuit de verkeerde **Motivatie**. Dat je ze *niet* doet omdat jij ze wil, maar omdat jij afhankelijk bent van goedkeuring. Want wat er dan gebeurt is dat je zó bang bent dat je die dingen niet voor elkaar krijgt dat je hele lijf op tilt slaat, ook al merk je daar misschien niet echt wat van. Behalve dan dat je niet slaapt…

Je zou denken dat je, elke keer nadat je iets goed gedaan hebt, lekker zou slapen, maar het tegendeel is waar. Binnen in je zit een systeem dat je wil helpen om jezelf te worden. Dat systeem, ik noem het maar de

Natuur, wil je als het ware de kans geven in te zien dat je helemaal op het verkeerde spoor zit.

Uiteindelijk heeft elk mens recht op zijn eigen leven, op het ontwikkelen van zijn eigen persoonlijkheid en zijn eigen karakter. Elk mens heeft recht op het uitleven van zijn eigen talenten en zelfs ook van zijn tekortkomingen. Voor ouders die zelf ook niet zo sterk in hun zelf-gevoel zitten is het vaak heel belangrijk dat kinderen zich op een bepaalde manier presenteren, zodat zij zich, op hun beurt, ook weer goed over zichzelf voelen. En daarom worden die kinderen vaak door die ouders geleefd. Althans, zo heb ik uitgelegd wat er bij mij is gebeurd.

Mijn vader en moeder hadden zelf ook niet zo'n sterk zelf-gevoel, en om zich goed over zichzelf te kunnen voelen, deden zij er alles aan om zich te conformeren aan de sociale status die zij als belangrijk hadden gekozen. Daarbij kwam nog dat we in een buurt woonden waar ze zich eigenlijk te goed voor voelden. En in mijn geval betekende dat, dat ik niet mocht omgaan met wie ik wilde want 'we waren toch echt veel beter dan de rest'. Dit sloeg overigens nergens op, maar deze houding was in de jaren '50 en begin '60 niet zo vreemd als het nu overkomt.

Deze instelling en opvoeding brachten bij mij een bepaald gevoel teweeg: ik hoorde er niet bij. Die wens om bij een groep te horen is me altijd bijgebleven. Als kind en jongvolwassene was dat bij een arbeidersgezin. Want die waren zo solidair met elkaar. Of bij de katholieke kerk, dat vond ik ook allemaal wel heel interessant. Die mensen deden iets gezamenlijks terwijl wij eigenlijk overal boven dienden te staan.

Deze belevenissen en de daarop gebaseerde conclusies die je trekt zijn allemaal dingen die je vormen en die uiteindelijk impact hebben op je nachtrust.

Je neemt het allemaal mee als je 's avonds naar bed gaat.

> **WAT JE 'S NACHTS OVERKOMT HEEFT ALLES TE MAKEN MET WAAR JE OVERDAG NAAR STREEFT EN HOE AFHANKELIJK JE BENT VAN JE RESULTAAT DAARMEE.**

Wat je 's nachts overkomt heeft alles te maken met waar je overdag mee bezig bent en hoe afhankelijk je bent van het resultaat daarmee. Als je van binnenuit tevreden bent over wie en wat je bent, heb je meer kans dat je een natuurlijk slaappatroon ontwikkelt.

Je moet dus niet aan het niet-slapen sleutelen. Je moet sleutelen aan hoe je je over jezelf voelt. Je moet er inzicht in proberen te krijgen of je wel in staat bent geweest om je te ontwikkelen als jezelf in plaats van als een pionnetje in het levensspel van je ouders.

Nog een woordje over zelfsabotage: Op blz. 18 van dit boekje vind je een volledige uitleg van dit begrip. Het is van groot belang dat je de betekenis ervan goed tot je door laat dringen, omdat dit verschijnsel de aanleiding zou kunnen zijn voor je nachtelijk wakker liggen.

Door je niet-slapen word je ertoe aangezet te kijken wat er met je aan de hand is, want je wilt dat probleem toch graag oplossen. Zo kan je tot het inzicht komen dat je de dingen niet om de goede reden doet. Je doet ze niet voor jezelf, maar om aan bepaalde voorwaarden te voldoen. Dat betekent dat je verder van je (echte) zelf *af* leeft. Maar dan worden toch opeens je plannetjes om goedkeuring te verdienen getorpedeerd, ogenschijnlijk door dingen, die er niets mee te maken hebben: je slaapt niet, of je wordt ziek of je maakt een dubbele afspraak of zoiets. Zo probeert de Natuur jou de gelegenheid te bieden om jezelf te corrigeren.

Het zou beter zijn als de Natuur wat duidelijker zou zijn, want nu begrijp je die hint helemaal niet. Je raakt er natuurlijk alleen maar van overstuur. Tenslotte is het je **Overlevingsstrategie** die bedreigd wordt… Maar als je probeert een en ander op de hierboven beschreven manier te zien, dan zou dat je helpen om je slaapprobleem in een ander licht te zien. Je zou er zelfs positief tegenaan kunnen kijken en er bij wijze van spreken dankbaar voor kunnen zijn, want het zou je dichter bij jezelf brengen in plaats van verder van jezelf af.

Er zijn nog legio andere manieren waarop je jouw vals zelf-gevoel kunt saboteren. Bij mij gebeurde dat bijvoorbeeld als volgt: ik wilde heel graag zangeres worden (maar helemaal om de verkeerde reden). Toen ik eindelijk een keer een concert had werd ik de dag van tevoren heel erg verkouden. Mijn stem was onbruikbaar en dus kon het geheel niet doorgaan. Zoiets is een typisch geval van het onbewust ondermijnen van een verkeerd gemotiveerde activiteit.

Probeer dat niet-slapen te zien als een manier van de natuur om jou op het spoor van je echte zelf te zetten. Als je niet slaapt en je hebt er geen idee van waarom dat eigenlijk is, dan moet je de moed opbrengen om naar binnen te kijken en je af te vragen, 'Waar ben ik eigenlijk mee bezig?' Hier kan je niet-slapen juist die zegen zijn die je gaat helpen je onderliggende problemen op te lossen wat jou uiteindelijk naar jezelf toe gaat brengen en je slaapprobleem overbodig maakt. Want als je je *echte zelf* eenmaal hebt ontdekt, dan slaap je – nou ik wil niet zeggen meteen als een roos – maar wel een stuk beter.

Ga vanavond voor je naar bed gaat eens voor de spiegel staan en kijk jezelf eens goed in de ogen. Vraag jezelf: Waar ben ik nu eigenlijk mee bezig? Waar loop ik zo hard achteraan? Waarom doe ik eigenlijk wat ik doe?

In het volgende hoofdstuk kijken we naar wat de achtergrond zou kunnen zijn van het probleem van slapeloosheid. Ook zetten we een eerste stap om ervan af te komen.

Negatief zelfbeeld

Beleef je lichaam bewust
om van je slaapprobleem af te komen

Denk je dat iemand die echt lekker in zijn vel zit chronisch slecht of niet slaapt? Mijn antwoord daarop is: nee, ik weet wel bijna zeker van niet. Als je weet wat je wilt en op een prettige en bevredigende wijze met je medemens kunt omgaan, als je je in het dagelijks bestaan niet voortdurend hoeft af te vragen hoe je je over jezelf voelt, dan denk ik dat er geen langdurig slaapprobleem optreedt. Tenzij er iets gebeurt dat je volledig uit je evenwicht haalt, de dood van een geliefd persoon, een gigantische tegenvaller of een andere levensschokkende gebeurtenis, wordt je natuurlijke patroon aangehouden en dat betekent dat je voldoende slaap krijgt.

In dit hoofdstuk wil ik aangeven dat de kiem van je slaapprobleem al wel eens in een heel vroeg stadium van je leven aanwezig zou kunnen zijn. Je wordt namelijk gevormd door je omgeving en je opvoeding. *Je leeft zoals je gevormd bent en je slaapt zoals je leeft.* Dat betekent dus dat wat er in je vroege kindertijd plaatsvindt indirect verantwoordelijk is voor je latere slaappatroon.

Sommigen van ons krijgen van huis uit een goedgevoel over zich zelf mee. Anderen zijn gedoemd om het in de loop van hun leven voortdurend opnieuw te verdienen. Hoe we dat moeten doen hangt af van ons eigen temperament, karakter en van onze psychische en emotionele erfenis.

Als je van je omgeving het gevoel hebt gekregen dat je er niet bij-hoort, levert dat een negatief zelfbeeld op. Want als je je niet gehoord of gezien voelt, lijkt het net alsof je niet goed genoeg bent om mee te mogen doen. Het lijkt net of je wel in je lichaam zit maar dat anderen je eigenlijk helemaal niet zien. En als je dat zo voelt dan gaat het ook vaak zo. Er wordt geen rekening met je gehouden en je komt niet uit de verf. Je bent niet in staat je echt uit te drukken, je te manifesteren, of dat nu is binnen het gezin waar je opgroeit, op school of tussen je collega's. Het lijkt net alsof anderen het allemaal gezellig hebben met elkaar en jij een toeschouwer bent.

Ik herinner me nog heel goed hoe ik me voelde bij dat soort gelegenheden. Het was een gevoel dat altijd door mijn hoofd spookte. Op een dag, ik was toen een jaar of zestien, stond ik aan het strand en keek uit over de zee. Er stak een paal boven de zee uit en ik beeldde mij in dat de zee allemaal mensen waren. Ik zat daar op die paal en kon niet bij de mensen komen. Het voelde verschrikkelijk eenzaam. Het eindeloze van die zee deed dat gevoel nog sterker in mij opleven.

Ik wilde er heel graag bij horen. Dus wilde ik ook hippe kleren aan. En mijn haar dragen op een manier die in de mode was. In die tijd was dat een paardenstaart met een wat langere pony. Na veel bidden en smeken mocht ik een pony laten knippen maar het moest wel heel kort zijn. Mijn ouders vonden alles ordinair en beneden onze stand. Dus ging ik aarzelend de straat op met mijn 'frisse toet' en veel te lange rokken. Het negatieve oordeel over mijzelf ging mij met rasse schreden voor. Welke vriendinnetjes en vriendjes wilden zo nog met me omgaan, denk je?

Ik herinner me ook dat in die tijd de 'Rock & Roll' kousen in de mode waren, van die lange, rode nylon kousen. Nou, die kreeg ik absoluut niet. Het enige wat ik los kon peuteren waren rode sokjes en die trok ik dan, zo gauw ik buiten de deur was, zo hoog op dat je niet kon zien dat het alleen maar sokjes waren. Met de lange rok lukte dat nog een beetje ook.

Ik werd dus moedwillig afgehouden van het omgaan met leeftijdsgenootjes, want die mensen waren te min. Of ze waren gevaarlijk. Ik weet nog dat mijn vader wat vrijwilligerswerk deed bij een reclasseringsinstituut voor jongeren die in de gevangenis hadden gezeten. En dan kwam er weleens zo'n jongen bij ons thuis en daar ben ik een keer mee wezen fietsen. Nou, de wereld was te klein toen ik terugkwam. Ik kan me niet goed herinneren of mijn vader me werkelijk heeft geslagen maar het voelde wel zo.

'Al wat die jongens van je willen is dat je voor hen op je rug gaat liggen', dreigde hij. En 's avonds, toen mijn ouders bij de buren op bezoek waren, heb ik wel een paar uur lang met een hamer boven mijn hoofd in de aanslag achter de voordeur gestaan. Als die jongen binnen zou komen om mij te verkrachten, zou ik hem gelijk de hersens kunnen inslaan. Uiteindelijk ben ik toen, met die hamer onder mijn kussen, toch maar naar bed gegaan. Maar de schrik zat er goed in.

Waarom mochten andere kinderen wel gewoon met elkaar spelen? Waarom moest ik altijd veel vroeger thuiskomen? Waarom waren ze zo absurd bezorgd dat ik ziek zou worden en zagen ze mij als een kneusje? Waarom moest ik ook altijd veel vroeger naar bed? Alleen al mijn wens om mee te doen met de buurtkinderen kwam mijn ouders helemaal niet gelegen, want die wilden mij precies zo hebben dat ik hun het leven niet al te moeilijk maakte. Ik moest toch mezelf zijn en dat betekende vooral *niet doen* zoals de buurtkinderen deden. Want mijn ouders, zoals veel ouders, hadden zo hun eigen programma. En van het welslagen van dát programma hing *hun* zelfgevoel weer af. Dus ja, ik was eigenlijk een lastpak en het was onmogelijk om van mijn moeder het gevoel te krijgen dat ik voor haar iets betekende. Dat ik belangrijk voor haar was, dat zij van mij hield, dat ze trots op me was.

Gaandeweg ontdekte ik natuurlijk wel hoe ik me moest gedragen om iets te verdienen wat leek op liefde: een beetje goedkeuring en geen afkeuring. Ik deed mijn best om beter te worden in al die gewenste gedragingen, en meer goedkeuring te krijgen. Zo had ik toch het gevoel dat ik waardevol was. Maar of ik wel mijn eigen persoon mocht zijn? Nee, dat gevoel had ik niet.

Het ontwikkelen van je eigen persoon zou, als alles natuurlijk zou verlopen, moeten plaatsvinden in de tijd dat je opgroeit. Maar in plaats daarvan leerde ik handig te worden in het opvoeren van toneelstukjes die mijn ouders behaagden.

Natuurlijk zijn er ook momenten waarop je indruk op hen wilt maken: 'Mama, papa, kijk mij eens!' Dat je goed in iets bent en dat ze je kunsten bewonderen. Om dat te bereiken doe je je uiterste best. Maar als ze je niet echt zien omdat ze te zeer met hun eigen verhaal bezig zijn, wordt dat een hopeloze opdracht. Soms zijn ze zelfs jaloers op je prestaties en niet in staat je die zo begeerde waardering te schenken. Dan probeer je nóg beter je best te doen en uiteindelijk komt het zover dat je je als het ware identificeert met al die taken die je jezelf hebt gesteld.

Het vervelende van dit soort gedrag is dat je afhankelijk wordt van het resultaat van die taken om je een beetje goed over jezelf te voelen. Dat functioneert dan als een kunstmatig zelfgevoel, want een echt, gezond zelf-gevoel heb je niet. Wanneer je dat goede gevoel over jezelf niet voor elkaar kunt krijgen, word je angstig. Op een heel intuïtief niveau voel je dan dat je niet de moeite waard bent en niet mee mag doen. Je zou bijna kunnen zeggen, dat je er niet toe doet.

Met zo'n negatief zelfbeeld en met het gevoel dat je eigenlijk niet mee mag doen, dat je niet meetelt, word je nog fanatieker in je pogingen om al die voorwaarden tot een goed einde te brengen. Ondertussen ben je niet bezig je eigen leven te leven. Je bent slaaf geworden van het vervullen van al die voorwaarden die je jezelf gesteld hebt in de hoop voor vol te worden aangezien en ook 'mee te mogen doen'. Het voelt als een grote dreiging als dat niet lukt, maar let op: *dit speelt zich alleen af in je hoofd.* In de werkelijkheid is er helemaal geen dreiging; die angst die je voelt is gebaseerd op een conclusie die je hebt getrokken als kind.

Ga nu voor jezelf eens na of je inderdaad afhankelijk bent van bepaalde resultaten van je acties. Er zijn legio manieren waarop je dit kan merken. Moet je alles altijd heel goed doen of alles altijd helemaal af krijgen? Perfectionisme en workaholisme zijn ook symptomen van een verkeerde motivatie. Want veel mensen die maar blijven doorwerken doen dat niet omdat ze betrokken zijn bij waar ze mee bezig zijn. Nee hoor. Heel vaak moeten ze aan het eind van de dag gewoon een goedgevoel over zichzelf hebben, een soort virtuele ruggengraat. Daarmee kunnen ze dan de dag afsluiten.

Maar het gekke is dat je met zo'n goed-gevoel-over-jezelf ook niet echt goed slaapt. Want als je dat dan eenmaal hebt weten te krijgen, word je (onbewust) weer bang dat je dat goede gevoel weer verliest. Je wilt het met alle geweld vasthouden. En dat is weer een reden om niet te slapen.

Dit hele patroon is echter gebaseerd op een 'surrogaat-leven'. Want je bent al lang niet meer bezig met je eigen leven, maar met het naleven van die voorwaarden die je een goedgevoel moeten opleveren. Je leeft op een automatische piloot die is geprogrammeerd toen je nog kind was. Dat dit onbewust is gebeurd, en heel lang geleden, maakt het natuurlijk heel lastig om die rode draad naar het *waarom* hiervan weer terug te vinden.

Toch, als je in de toekomst weer lekker wilt slapen, is het noodzakelijk dat je je verleden uitdiept. Dat je kijkt wat voor con-clusies je hebt getrokken. In die tijd was het voldoen aan al die voor-waarden wellicht heel nuttig en in je voordeel, maar in je leven van *nu* zijn ze je eigenlijk alleen maar tot last.

Bovendien houdt die automatische piloot, door wie je je laat regeren, je af van je echte leven, je *eigen* leven. Je bent namelijk zo in de ban van het najagen van al die voorwaarden en prestaties, dat je als het ware mentaal, emotioneel en psychologisch scheefgegroeid bent. Spontane gevoelens treden niet meer op, maar alleen gevoelens die betrekking hebben op het al dan niet halen van een positief resultaat met die voorwaarden.

De kunst is om vóór het slapengaan de weg terug te vinden naar jezelf. Dat is een heel ingewikkelde zaak, want in het begin weet je niet eens dat je je zelf niet (meer) hebt. Maar ik heb daarvoor een aantal invalshoeken uitgedacht. Hier zijn er een paar:

Eerst moet je leren om je bewust te worden van je lichaam door bepaalde oefeningen te doen. Deze hebben als doel dat je niks anders doet dan je bewust worden van dat je je knieën buigt, dat je je voet neerzet, dat je de muur aanraakt, dat je je armen wijd openspreidt. Er zijn heel veel oefeningen te bedenken waardoor je via je gedachten je bewuster kunt worden van je lichaam, iets waar je normaliter geen moment mee bezig bent. Zo leer je om je zelf *niet langer* te ervaren door middel van behaalde resultaten of een goed of een slecht gevoel. Je bouwt zo een directe relatie met je lichaam op.

Je kunt bijvoorbeeld een mentaal reisje maken naar de binnenkant van je lichaam, bijvoorbeeld van je hoofd naar je voeten. Je kunt je dan bewust worden van ledematen die je normaal gesproken helemaal niet voelt. Als je op bed ligt denk je helemaal niet aan je lichaam behalve als je pijn hebt. Neem nou je benen bijvoorbeeld, die voel je helemaal niet eens en toch zijn het meestal best grote dingen die daar liggen. En ze zijn allebei helemaal van jou! Van jou alleen! Trek dan nu de conclusie dat het feit dat je dat lichaam hebt en dat je er in zit, jou ook het recht geeft te zijn wie jij bent. Het feit dat je bestaat geeft jou het recht om je eigen ziel uit te drukken en klaar te zijn met het uitvoeren van taken om andere mensen te behagen, want het goede gevoel dat dat oplevert is gewoon een verkeerd concept van 'zelf'.

Je bewust worden van het feit dat je kunt zien, dat je kunt horen, ruiken, voelen, proeven is een andere manier om de weg naar jezelf terug te vinden voor het slapen gaan. Zo gauw je je zintuigen echt op een bewuste manier kunt ervaren en gebruiken, krijg je, als het ware, een fysieke bevestiging dat jij wel degelijk je eigen persoon bent. Je mag dan wel denken dat er iets mis is met je of dat je er niet bijhoort. Je mag dan misschien wel een negatief zelfbeeld hebben, maar een zelf heb je wel. Je hebt het alleen nooit echt waargenomen. Je hebt je nooit echt op je echte zelf gefocust. Maar je hebt wel degelijk dezelfde dingen die ieder ander mens ook heeft. Dat geeft jou het recht om je te manifesteren in deze wereld. Alleen al omdat je 'er al bent' is het absoluut gepermitteerd je eigen temperament, neigingen en talenten te verwezenlijken. Als je dat door begint te krijgen, kun je dus gaan proberen een verschil te maken tussen wat voorwaarden zijn en wat je *zelf* bent.

Een andere manier om jezelf te hervinden is het leren herkennen van je automatische piloot. Onze reactie op dingen is vaak gebaseerd op criteria die uit een ver verleden stammen. Zijn we het daar echt nog wel mee eens? Als je werkelijk nadenkt over de dingen, dan kon je wel eens een heel andere mening hebben dan je ouders of verzorgers. Ik kom daar in hoofdstuk 8 nog uitgebreider op terug.

Het beleven van je eigen lichaam is een subtielere zaak dan de prikkels waarmee we dagelijks gebombardeerd worden in onze samenleving. Daarbij komt ook dat je lichaam zo vanzelfsprekend voor je is dat je niet op het idee komt om er aandacht aan te besteden. Als je dan de moeite neemt om dat wél te doen, zal het je opvallen dat het niet eens zo gemakkelijk is.

Toch is het een groot hulpmiddel om je over je slaapprobleem heen te helpen, doordat het je laat inzien dat je je niet afhankelijk hoeft te voelen van een goed-gevoel-over-jezelf . Dat betekent ook dat je niet meer bang hoeft te zijn om niet aan al die voorwaarden te kunnen voldoen en dat je je negatieve zelfbeeld kunt laten varen.

Probeer nu heel bewust te voelen dat je een lichaam hebt, dan weet je meteen dat je al bestaat. Dat je al bent. En dat kan geen slecht resultaat of iemands kritisch oordeel over jou dit van je af kan nemen. Zelfs met een slecht gevoel over jezelf besta je nog steeds. Je kunt dus die afhankelijkheid van goedkeuring van je af gooien.

In hoofdstuk drie kijken we er onder andere naar hoe we ons van deze negatieve zelfoordelen kunnen bevrijden en wat de voetangels en klemmen daarbij kunnen zijn. Ook al denk je misschien dat dit niet rechtstreeks met je slapen te maken heeft, vertrouw er maar even op dat het *juist* de weg is naar een goede nachtrust.

Je eigen gedrag veranderen

Te veel willen

Als jij een gezonde slaper wilt worden is het zaak om je te ontdoen van je negatieve zelfbeeld, dat in eerste instantie is geïnspireerd op het gedrag van je ouder of opvoeder naar jou toe. Maar ook moet je je zien te ontdoen van al je eigen, soms extreme reacties daarop, die gericht zijn op het weerleggen van die negatieve ballast.

Om beter te kunnen slapen moet je je gedrag en je instelling veranderen. Slapen is als eten; als het niet vanzelf gaat is er iets dat het in de weg staat. Als het niet buiten jezelf is, is het binnenin jezelf en kun jij het alleen zelf veranderen.

Verder gaan we in dit hoofdstuk in op de vraag: Wat is herconditioneren en hoe doe je dat? Maar voor je hiermee begint is het verstandig om je motivatie om beter te willen slapen grondig te onderzoeken; het kon wel eens zijn dat het niet de meest voor de hand liggende is. Bovendien is het goed om je te realiseren dat bij verandering van je gedrag terugval onvermijdelijk is.

Je eigen gedrag veranderen, daar gaat het dus om als je een grote sprong wilt maken in het verbeteren van je nachtrust. En dan niet alleen je gedrag naar buiten toe, maar juist ook je gedrag naar jezelf toe. Je moet je hele denkpatroon veranderen, je instelling wijzigen zodat je uiteindelijk ook anders over de dingen gaat voelen. Met andere woorden: je moet jezelf herconditioneren.

Voor mij begon dat proces jaren geleden, met een droom waarover ik je zo zal vertellen. Ik had al heel veel therapieën om te proberen van mijn slaapprobleem af te komen achter de rug; of liever gezegd, ik zat er net middenin op dat moment. Of het nu praatsessies waren bij de psycholoog, NLP*, EMDR*, meditatie, yoga of hypnotherapie, ik probeerde van alles om maar van het niet-slapen af te komen.

Ik had gehoopt mijzelf te kunnen bevrijden van wat mij elke nacht weer uit mijn slaap hield. De reden dat dat niet gebeurde heeft alles te maken met waarover het in dit boekje gaat: *dingen doen om de verkeerde reden*. Ik kom daar later in dit hoofdstuk op terug.

Dus ja, ik zat middenin de therapieën en toen had ik een droom. In die droom zag ik een gigantische, langgerekte vogel zonder veren. Hij leek nog het meest op een geplukte kip. Ik zag duidelijk alle porieën met daarin de kleine huidhaartjes op zijn vel zitten zoals hij daar hoog boven mij over het bos vloog. Hij wierp een enorme schaduw op alle mooie bloemen en planten in het bos, want het was een kanjer van een beest.

Het vreemde was dat ik mij met die grote vogel daar identificeerde, ook al noemde ik hem *the ugly bird* (de lelijke vogel). Want ja, erg mooi was ie niet. Door die droom begon ik me af te vragen waar ik eigenlijk mee bezig was. Waarom ik me juist met die grote lelijkerd associeerde en absoluut niets te maken wilde hebben met dat hele kleine vogeltje dat daar beneden op een bemoste steen zat. Een zonnestraal viel als een schijnwerper op dit prachtige beestje en trok mijn blik ernaar toe. Hij zat aan de rand van een gladde vijver: het was fantastisch mooi weer en de bijtjes zoemden vrolijk om de bloemetjes. Het vogeltje had de prachtigste kleuren: een diep blauw lijfje met glanzend goudgele vleugels en een oranje pluimstaart. Het leek wel een klein nachtegaaltje.

En op de een of andere manier is die droom me altijd bijgebleven.

---

* NLP = Neuro-Linguistic Programming
EMDR = Eye Movement Desensitization and Reprocessing treatment.

Hij heeft me leren inzien dat ik mijzelf moest herconditioneren. Ik moest alles doen wat nodig was om van die lelijke vogel dat kleine nachtegaaltje te worden, dat kleine vuurvogeltje. Dat was het woord dat me toen werd ingegeven. Tegelijkertijd was het zo klein en onbeduidend, dat ik daar eigenlijk helemaal geen zin in had. Ik was liever die lelijke grote vogel die zoveel schaduw wierp op dat prachtige bos dan dat mooie, kleine vogeltje aan de rand van de vijver.

De lelijke vogel was het symbool voor alle taken die ik mij (on-bewust) had gesteld. Het mooie kleine vogeltje, dat was ik op ware grootte. De boodschap: als ik niet aan het mooie in de wereld voorbij wilde gaan en van het leven wilde genieten, dan moest ik zorgen dat ik van binnen in die werkelijkheid *wilde* passen. Dan moest ik die veel te grote fictieve voorwaarden waaraan ik elke dag opnieuw van mijzelf moest voldoen, laten varen.

In mijn eigen hoofd leefde ik, als het ware, buiten mijn natuurlijke, menselijke proporties; ik wilde *te veel* en dacht te groot. Ik leefde namelijk in de veronderstelling dat dat nodig was omdat ik anders niet gehoord en gezien zou worden. Door keihard te werken wilde ik bewijzen dat ik wel degelijk iets waard was. Dat ik er wél mocht zijn en dat ik niet het kneusje was dat ik in de ogen van mijn ouders was.

Vraag jezelf eens af hoe dat bij jou zit. Wat is de blauwdruk van jouw bestaan? Hoe ziet het grote plaatje eruit dat je in je hoofd hebt? Waar kom je 's morgens je bed voor uit? Waarom doe je wat je doet?

Als het duidelijk wordt dat het antwoord op die vragen aan-geeft dat je jezelf de onmogelijke taak hebt gesteld om je ouders/opvoeders te bewijzen dat je wel zeker de moeite van hun liefde en aandacht waard bent, dan moet je jezelf herconditioneren. Want dat leidt tot beter slapen.

Wat is dat precies? Herconditioneren is een beetje een indruk-wekkend woord, maar je kunt het zelf doen. Het komt er eigenlijk op neer dat je jezelf moet leren anders te denken. En dat op een heel diep niveau, want als je al een tijdje op de wereld bent heb je al heel wat gewoontes opgebouwd. Van een heleboel gewoontes ben je je helemaal niet eens bewust. Maar juist die gewoontes moet je herzien en, indien nodig, veranderen.

Mensen zijn nou eenmaal gewoontedieren. Sommige gewoontes zijn heel erg ingesleten en echt heel lastig te veranderen. Ik vergelijk het menselijk brein wel eens met een boom zonder bladeren. Als de takken kaal zijn, in de winter, kun je de vorm van de boom goed zien. Als een tak in de weg zit, pak je een zaag en dan zaag je hem af. Zo kun je die boom weer de ruimte geven om beter gebalanceerd te groeien en meer vruchten af te werpen.

Helaas is dat bij onze hersenen niet mogelijk, want we kunnen absoluut niet zien waar de vertakkingen zitten. Wat je wel kunt doen is voor jezelf een tekeningetje maken en je daarbij voorstellen hoe bepaalde gebieden in jouw brein eruit zien. Op basis daarvan kun je conclusies trekken zoals bijvoorbeeld: *Ik denk dat het hier een beetje te veel dichtgegroeid is.* Of: *Hier zit waarschijnlijk te weinig. Daar moet ik eens proberen om wat twijgjes naartoe te laten groeien.* Zo krijg je voor jezelf een idee hoe je in elkaar zit en dan kun je er ook wat aan doen.

Je eigen gedrag veranderen is een bezigheid die aardig wat tijd kost. Het heeft immers ook heel lang geduurd om je gewoontes en automatische gedragingen te ontwikkelen. Je kunt die niet van de ene dag op de andere veranderen. Vergelijk het maar met een tuin die is verwilderd. Als je daar een beetje vorm aan wilt geven, begin je met het onkruid te wieden. Vervolgens baan je een pad naar de plekken waar je de bloemetjes wilt zaaien. Net als in een tuin moet je bij het herconditioneren van jezelf het werk dat je begonnen bent meteen ook goed bijhouden. We weten allemaal hoe hardnekkig onkruid is: het groeit als het ware achter je rug weer omhoog. Dus je bent erbij gebaat om meteen continuïteit in het werk aan te brengen. Elke dag een paar minuten aan jezelf werken, of een halfuur of twee uur. Al naar gelang je de noodzaak ervan ervaart en afhankelijk van hoe desperaat je bent om je slaapprobleem op te lossen.

Jezelf herconditioneren, je eigen gedrag veranderen. Hoe ga je daarbij te werk? Je begint te kijken naar wie je nu bent. Wees daarin bloedeerlijk tegenover jezelf. Wind er geen doekjes om. Maak jezelf niet mooier dan je bent. Rechtvaardig je gedrag niet met allerlei zaken die voor de hand liggen en heel aannemelijk lijken maar er niets mee te maken hebben. Niet op dat niveau. Dus heel eerlijk zijn tegenover jezelf is absoluut noodzakelijk om dit te laten lukken.

Herinner je je hoe we al wat oefeningen gedaan hebben om je eigen lichaam te ervaren, om te ervaren hoe je in je eigen lichaam zit en je eigen zintuigen hebt? En hoe je jezelf als het ware van binnenuit kunt ervaren in plaats van door middel van het behalen van resultaten en de waardering van andere mensen? Dat gevoel dat je eigenlijk 'al bent' zonder dat je ook maar iets hoeft te doen noem je 'geaard zijn in je zelf'. *Je bent al* en je hebt het recht er te zijn, puur omdat je er al bent. Dat is het gevoel waarnaar je telkens opnieuw terug moet keren. Maar wees niet verbaasd als je er weer heel gemakkelijk uit glipt want het is een nieuwe situatie voor je. Juist dát gevoel vast te houden is heel lastig. Daarom moet je dit soort oefeningen ook vaak herhalen. Steeds opnieuw pak je maar even de muur vast en dan denk je oh ja, ik voel, dus ik ben, dus ik heb recht om mijn eigen leven te leiden op de manier waarop ik ben.

Die eerste oefening, uit hoofdstuk twee, is er dus een om je lichaam beter te leren ervaren en te leren inzien dat je *al bent*.

Wat nu volgt is een tweede oefening. Kijk goed om je heen. Neem je directe omgeving goed in je op en bedenk: *Ik ben in het Hier en Nu en niet in het verleden*. Al die voorwaarden waaraan je meent te moeten voldoen zijn immers gebaseerd op problemen uit het verleden. Die problemen probeer je dan op te lossen in het heden. Dat is gedoemd te mislukken vanwege de discrepantie in tijd. Maar jij moet nog leren om je daar bewust van te worden. Het helpt wanneer je op zo'n moment jezelf ertoe kunt zetten om je werkelijkheid te ervaren: *ik ben in het Hier en Nu*. Vraag je af hoe dat er eigenlijk uitziet en beschrijf dat hardop voor jezelf. Is er bijvoorbeeld een duidelijk gevaar dat je slapeloosheid veroorzaakt? Zit er een leeuw naast je bed? Wil die je opeten? Of staat er een olifant op de stoep die je huis binnen wil lopen? Nee dus. De dreiging zit alleen in je eigen hoofd. Het is een fictie. Een spook uit het verleden.

Nu je dit weet kun je proberen je eigen, onafhankelijke opinie te vormen, allereerst over al die voorwaarden waar je achteraan loopt en die je in de tang houden. Kijk met je eigen ogen en denk met je eigen hoofd. *Wat moet ik nu doen? Wat voor iemand ben ik eigenlijk?* Stop met te vertrouwen op je automatische piloot, want die is een afspiegeling van hoe je ouders of opvoeders je zagen. Als je dat voor elkaar hebt, kijk dan nog eens goed om je heen naar alle andere mensen.

Het me echt bewust worden van andere mensen was voor mij een ervaring die mij voor het eerst trof toen ik op weg was in de auto. Ik was altijd heel bang om een aanrijding te veroorzaken. Maar op een dag, ik had toen al schoolgaande kinderen, werd ik mij er ineens van bewust dat het niet alleen aan mij was om een aanrijding te voorkomen. Dat al die andere mensen ook ogen in hun hoofd hadden en op de omstandigheden reageerden. Dat die andere chauffeurs zich er ook wel verantwoordelijk voor zouden voelen om een aanrijding te voorkomen, zowel ten opzichte van zichzelf als van anderen. Met andere woorden *dat ze mij zagen*, in die auto. En dat het niet alleen mijn taak was om al die andere auto's in de gaten te houden om aanrijdingen te voorkomen.

Dat verlate inzicht in de realiteit grijpt terug naar hoe ik als kind geleefd heb in het gezin met mijn ouders. Ik had eigenlijk altijd het gevoel gehad dat het aan mij lag als er iets misging. Als er ruzie was, als de boel ontspoorde, als het borreluurtje de mist inging, dan was ik altijd degene die wat had gedaan of gezegd. Dat was dus een misvatting, maar ik heb dat idee wel mijn hele leven gehad. Die openbaring dat het niet alleen aan mij lag was het moment waarop ik anderen ben gaan zien voor wie ze zijn en ook dat ze eigenlijk net zo zijn als ik.

Andere mensen hebben hun eigen gezond of ongezond gemotiveerd doel. Ze lopen achter dingen aan waar je geen weet van hebt en ook niet kunt hebben. Maar iedereen heeft het recht om zijn/haar eigen ontwikkelingsfases door te maken. Ieder woont als het ware in zijn eigen zeepbel en niemand heeft het recht om jou uit je eigen omgeving te sleuren en te zeggen: 'Jij moet net zo leven als *ik* in *mijn* zeepbel leef.' Want iedereen moet zijn eigen weg gaan. Je zou kunnen zeggen dat iedereen zijn eigen karma heeft. En dat moeten we dus allemaal voor onszelf oplossen. Als je anderen ziet voor wie ze zijn betekent dat dat je een gezond gevoel hebt over jezelf. Het is een goed onderwerp om mee bezig te zijn en meer inzicht in jezelf te krijgen wat van belang is voor het oplossen van je slaapprobleem.

Maar nu moet ik er wel bij zeggen dat je ook heel goed moet weten waarom je zo wanhopig graag wilt slapen.

Je moet je goed afvragen wat je eigenlijk wilt. Waarvoor kwam je ook alweer je bed uit? Waarom deed je ook alweer wat je doet? Het ligt namelijk voor de hand dat je je slaapprobleem probeert op te lossen juist om beter in staat te zijn je **Verborgen Doel** te realiseren. Maar geloof me, dat is niet in je eigen voordeel. Dat klinkt afschuwelijk en is wellicht bijna niet te accepteren, maar het is wel mijn ervaring. Je verborgen doel moet bijgesteld worden of, liever gezegd, totaal gewijzigd worden.

Het is zaak om in te zien dat je, in wezen, niet bezig bent voor jezelf te leven, maar met te bewijzen dat je wel degelijk de moeite waard bent. Kijk met je eigen ogen en zie hoe anderen, als je dit doel voor ogen hebt, niets anders voor je betekenen dan middelen of hindernissen op de weg naar dat heilige doel. En dat is niet omdat je een slecht mens bent maar omdat je denkt dat je leven ervan afhangt. Of je je virtuele ruggengraat kunt krijgen of niet. Of je een goedgevoel-over-jezelf kunt verdienen en daarmee dat vals zelf-gevoel.

Maar je bent al een stap verder als je inziet dat je zelf alleen maar het centrum bent van je *eigen* bestaan. Als één van je ouders narcistisch ingesteld is, dan is de kans namelijk groot dat je zelf ook narcistische trekjes gaat vertonen. Ook al wil je dat juist helemaal niet. In je jeugd ging het immers nooit om jou! En als je opgroeit dan wil je ook wel eens dat het om jou gaat. En aangezien je zelf, als kind, nooit een wereld hebt gekend waar een ander echt bij jou betrokken was, heb je geen referentiekader en weet je niet goed hoe je je eigenlijk zou moeten gedragen. Zo ben je gedoemd om die onfortuinlijke situatie over te dragen op je eventuele kinderen of leerlingen.

Zo gauw je in staat bent door *die* muur heen te breken en de ander en jezelf werkelijk te zien, slaap je niet alleen beter maar ben je ook een veel beter mens. Je bent een veel betere partner, ouder en een betere vriend.

Als je de ander kunt zien voor wie hij of zij is en jezelf als onvoorwaardelijk bestaand, hoef je ook je best niet meer te doen om een goed-gevoel-over-jezelf te krijgen. Je hebt immers dan geen vals zelf-gevoel meer nodig. Laat wat je doet echt gaan om de inhoud van wat je aan het doen bent. Maak je vrij van de afhankelijkheid van resultaten. Als je zover kunt komen om je keuken op te ruimen omdat het er zo'n rommeltje is dat je er niet goed kunt koken, dan ben je goed bezig. Maar als je neurotisch elke onvolkomenheid uit de weg moet ruimen, moet je je afvragen wat daar achter zit. Als je rechten kunt gaan studeren omdat je hart daar zit – en niet omdat je een wit voetje bij je vader wilt halen – dan slaap je niet alleen beter maar zul je ook veel betere resultaten afleveren.

Het is met dit herconditioneringsproces, dit veranderen van je eigen gedrag, net als met de tuin met onkruid. Als je even niet op-let en er niks aan doet, groeit alles onmiddellijk terug in zijn oude staat. Jammer genoeg moet je erop bedacht zijn dat dit ook gaat gebeuren: je gaat terugvallen. Je kunt er niet omheen, de verande-ring is zo ingrijpend. Dit terugvallen kun je minimaliseren door deze herconditionerings-activiteit niet een opzichzelfstaande bezigheid te laten zijn. Probeer het meer te zien als een verandering in levensstijl. Het is namelijk intensief werk, maar je hebt geen keus als je het oplossen van je slaapprobleem serieus neemt.

Je kunt natuurlijk ook naar de dokter gaan en slaappillen nemen. Dan blijf je dezelfde persoon. Daar word je niet gelukkiger van. Bovendien, er zit toch blijkbaar iets verkeerd in jezelf; je hebt een verkeerd beeld van wat leven is. Je kunt je slaapprobleem wel maskeren door slaappillen te slikken, maar de natuur kon dan wel eens naar een andere manier gaan zoeken om je aandacht te vragen voor je verkeerde manier van leven. Dan krijg je misschien een andere ziekte. Want je moet leren zien en accepteren dat het in het leven gaat om het proces van naar jezelf toe groeien. Ook jij kunt er niet omheen deze waarheden onder ogen te zien en er iets mee te doen.

Tegen de tijd dat je door het oerwoud van verandering aan de andere kant van het bos uitkomt zul je zien dat het de moeite waard was. Pas dan word je echt je eigen persoon en slaap je beter. Je doet mee in het leven en je bent niet afhankelijk van andere mensen om je goed over jezelf te voelen. Pas dan doe je dingen om de dingen zelf en kun je je talenten en energie gebruiken voor het grotere geheel. Kortom, je levert een positieve bijdrage aan de maatschappij en kunt je inzetten voor het algemeen belang. Alleen als je emotioneel onafhankelijk bent geworden is dat allemaal mogelijk. Dus als opdracht voor dit hoofdstuk zou ik willen zeggen, bedenk hoe ook jij *echt* kunt worden. Be real, zeggen ze in het Engels. Stap uit de waan van de ugly bird, of misschien is het voor jou een lelijke vis of iets heel anders. Vul het zelf maar in.

Als mens zijn we beperkt, hoewel we heel grote dingen kunnen doen. Die tegenstelling is soms moeilijk te bevatten. Een psycholoog wordt *een shrink* genoemd. Begrijp je nu ook waarom dat is? Je moet shrinken. Dat betekent in het Engels je moet krimpen. Je moet jezelf doen krimpen. Je moet je hoogmoedswaan laten varen. En dat is niet bedoeld als beschuldiging hoor; ik heb er zelf ook veel last van gehad. Want je verzet je tegen het niet gezien en gehoord worden, dus je blaast je jezelf op en wilt te veel. Maar nu dus, shrink. Go en shrink!

In dit hoofdstuk bespraken we dat je, om beter te kunnen slapen moet nagaan of je misschien te veel van je zelf wilt en vooral ook *waarom* dat zo is. Je drijfveren waren tot nu toe onbewust. Door je ervan bewust te worden krijg je de mogelijkheid om te besluiten het anders te doen. Alles valt en staat met *waarom* je doet wat je doet. In het volgende hoofdstuk kijken we hoe je je motivatie kunt bijsturen om echt bij jezelf te blijven en daardoor beter te slapen.

Vol tegenzin kruip ik in mijn bed,
wetend dat ik de slaap niet snel zal pakken.
Ik staar wat rond en draai mijn hoofd,
en schuif wat met mijn hakken.

Zodra jou hoofd dan eindelijk rustig wordt,
en jij in diepe slaap verkeerd.
Durf ik eindelijk mijn tranen te laten,
die ik de hele dag met grote moeite heb geweerd.

Daar lig ik dan, samen met jou,
samen in ons bed.
Niet durven te praten,
waar ik mijn zinnen heb op gezet.

Angst kruipt door mijn aderen,
en vrees recht door mijn ziel.
Bang dat ik je ooit zal kwetsen,
en ik onze relatie daardoor ooit verniel.

Geen titel: van een onbekende dichter
https://www.gedichten-freaks.nl/188527/

4

Slapeloze nachten
en je dagelijkse motivatie

Wat je overdag doet bepaalt
hoe je 's nachts slaapt

Niet slapen heeft een oorzaak. Vaak ben je er zelf zo aan gewend dat je dat gewoon vergeet. Tenzij je echt een medische reden hebt waarom je niet kunt slapen, is wat je 's nachts overkomt op dit gebied het gevolg van wat je overdag doet.

Slapeloosheid wordt veroorzaakt door ongezonde motivatie. Ongezonde motivatie is het gevolg van een gebrek aan zelf-gevoel. Het herstellen van je zelf-gevoel is de remedie tegen slapeloosheid. Wat je daarvoor nodig hebt is de kunst om de aard van je motivatie te onderkennen. Dat doe je door de intensiteit van je emoties te meten.

Als je een gebrek aan zelf-gevoel hebt, is er grote kans dat je een doel hebt in je leven waarvan je je niet bewust bent. De stress die dat doel oplevert veroorzaakt je slapeloosheid. Je slaapprobleem manifesteert zich natuurlijk 's nachts. Nu denk je misschien de oplossing ervoor ook te kunnen vinden door te kijken welke omstandigheden je 's nachts uit je slaap houden. Dat soort directe aanleidingen kunnen zeker een rol spelen en je doet er dan ook goed aan om die een voor een te onderzoeken. Misschien is het een te hoog of te hard kussen, krijg je pijn in je nek en kan het bloed niet goed doorstromen naar je hoofd. Misschien is de matras oncomfortabel of ligt naast je je partner hardop in zijn slaap te praten. Over het nut van dit soort praktische aanpassingen is al vrij veel literatuur verschenen. Ook zijn er advertentieblaadjes bij de vleet, want elke matrassenwinkel wil je graag een nieuwe matras of een nieuw kussen verkopen.

Wat nou als de hoofdoorzaak van je slapeloosheid verscholen ligt in het onontgonnen gebied van wat je *motivatie* is bij je dagelijkse doen en denken?

Sommige oorzaak/gevolg-situaties zijn gemakkelijk te herkennen. Wanneer je je bijvoorbeeld overdag fysiek hebt ingespannen, een lange strandwandeling hebt gemaakt of een flink eind hebt gefietst, ben je 's avonds moe en is de kans groter dat je daar lekker op slaapt.

Geestelijke arbeid zorgt voor een ander soort vermoeidheid. Daarbij worden je hersenen, je ogen, je oren of zelfs je stem op intensieve manier gebruikt. Je spieren niet; die zijn misschien juist stijf van het zitten. Maar je hoofd heeft even de tijd nodig om weer terug te keren naar zijn natuurlijke, relaxte staat. Je hersenen zetten zich als het ware nog een beetje schrap om op hoog niveau te blijven functioneren. Voor de meeste mensen is het dan lastiger om in slaap te vallen. Je doet er dan ook beter aan een afkoelperiode in te lassen voor het naar bed gaan. Niet tot het bittere eind van de dag door blijven werken is een verstandige tactiek om daarna een rustige nacht te hebben.

En dan hebben we ook nog een soort vermoeidheid die optreedt als gevolg van emotionele ervaringen. Wanneer je op een dag intens geëmotioneerd bent geweest, kun je je aan het eind van de dag behoorlijk uitgewrongen voelen. Als er dan verder niks in de weg staat, val je gemakkelijk in een diepe, verfrissende slaap.

Psychische stress kan je slaappatroon ook negatief beïnvloeden. Daarom heb ik in ons Overzicht van de soorten slapeloosheid (blz. 129) de categorie Psycho-Emotionele Stress Insomnia (PESI) aangemaakt, die precies past bij het type slapeloosheid dat in dit boekje wordt beschreven.

Wat vervelend is aan die psychische stress is dat je je er over het algemeen niet van bewust bent. Vaak voel je wel een soort spanning, maar je begrijpt niet waar die vandaan komt. Soms zit het in je nek of in je rug, soms zit het in je benen of in je maag. In mijn geval zat het in mijn achterhoofd. Het leek net alsof daar mijn slaapschubben omhoog gingen staan. Die naam had ik aan dat gevoel gegeven om het beter te kunnen herkennen.

Soms verwachtte ik totaal niet dat ik niet zou slapen, maar er waren ook momenten waarop ik van tevoren al wist dat lekker in slaap vallen er niet in zat. Dan leek het net alsof er iets in me geactiveerd stond, al had ik er geen idee van wat dat was. Het maakte dat ik volledig wakker was en op elk willekeurig moment in de nacht zo uit bed zou kunnen springen. Misschien was het wel adrenaline. Een mens is een ingewikkeld wezen en op de complexiteit van de fysieke (chemische, elektrische?) aanleidingen van slapeloosheid heb ik helaas geen zicht. Ik kan alleen uit ervaring spreken hoe het voelde.

Mijn psychische stress was chronisch, want ik was altijd als de dood dat ik geen vals zelf-gevoel kon halen. Zo heb ik die situatie tenminste verklaard... er stond natuurlijk geen bordje bij dat aangaf wat het was. Maar door goed naar binnen te kijken concludeerde ik dat ik heel bang was dat ik niet zou slagen in het voldoen aan bepaalde voorwaarden; de voorwaarden die goedkeuring moesten opleveren zodat ik me goed kon voelen over mezelf.

Let wel, ik ben geen dokter dus als ik spreek over spanning in je hoofd, is dat een verzinsel van mij. Het is alleen bedoeld om aan te geven hoe ik de dingen ervaarde en het wil niet zeggen dat dit een wetenschappelijk onderbouwd idee is.

Chronische psychische stress betekent dat je voortdurend onder druk staat door iets dat je mentaal en emotioneel bezighoudt. Als het je doel is om te bewijzen dat het negatieve beeld dat je ouders van je hebben niet klopt, en als het min of meer voelt alsof je leven daarvan afhangt, veroorzaakt dat stress. Dat doel en die stress kleuren je motivatie en beïnvloeden je slaap.

Motivatie is de motor die je gedrag aandrijft.

Motivatie kan gezond zijn of ongezond.

Het is aan jou om te achterhalen of de motivatie die je voelt om iets wel of niet te doen gezond is of ongezond.

Gezonde motivatie zit je niet in de weg bij het slapen, ongezonde motivatie wel!

Gezonde motivatie wijst erop dat je de dingen doet om die dingen zelf, omdat ze nou eenmaal moeten gebeuren of omdat je er zelf voor kiest.

Ongezonde motivatie wijst erop dat je de dingen misschien wel deels doet omdat ze moeten gebeuren, maar je hebt er ook een andere agenda bij. Je gebruikt die dingen om een positieve reactie teweeg te brengen bij iemand, zodat je een goedgevoel krijgt over jezelf en daarmee een vals zelf-gevoel.

Ongezonde motivatie heeft mij jarenlang uit de slaap gehouden, totdat ik het door had. Al je handelen is erop gericht om een goed-gevoel-over-jezelf te krijgen. Dat doe je niet bewust, maar als je beter wilt gaan slapen moet je je daar wel bewust van gaan worden. Dit is het belangrijkste aspect in je gedrag dat je door herconditionering moet bijsturen. Je moet je dus eerst bewust worden van het feit dat je de dingen doet om die reden, en daarna je motivatie om dingen te doen of te laten, bijsturen en gezond maken.

Gezonde motivatie betekent een gezond zelf-gevoel. Ongezonde motivatie duidt op een gebrek aan zelf-gevoel. Door aan je zelf-gevoel te werken en het te versterken kun je ongezonde motivatie echter ombuigen naar gezonde motivatie. De Zelf-Gevoel Methode helpt je om dat voor elkaar te krijgen met behulp van de bewustzijnsoefeningen gebaseerd op De Twaalf Herconditionerings-stellingen (zie blz. 151).

Met een Gezond Zelf-Gevoel slaap je beter, omdat je niet meer afhankelijk bent van resultaten die je denkt te moeten halen.

Hoe ik dat inzicht heb gekregen? Ik was musicus in een bekend symfonieorkest en hoewel ik best veel van muziek hield en houd, was ik eigenlijk muzikant geworden om een verkeerde reden. Mijn beslissing om muziek te gaan studeren was voornamelijk gebaseerd op mijn hoop de waardering en bewondering van mijn moeder te krijgen. Zij hield van klassieke muziek en speelde zelf ook wat viool. Maar bovenal voelde ik haar grote bewondering voor mensen die er goed in waren. Onbewust voelde ik als kind aan dat ze me niet echt zag. Ze was meer met zichzelf bezig en met haar eigen verhaal. 'Als ik dan maar muzikant word', dacht ik met mijn om aandacht smekend brein, 'dan kan ik bewijzen dat ik het wel degelijk waard ben om waardering te krijgen en echte liefde.' En zo is het gekomen.

Ik koos ervoor om fagot te leren spelen, maar eigenlijk had ik na drie weken al moeten zeggen: 'Nou, dat is niks voor mij!' Een fagot is een vrij weerbarstig instrument. Bovendien moet je ook je eigen rieten maken en dat is een kunst apart. Maar goed, ik ging met mijn moeder mee naar haar amateurorkest en leerde fagot spelen. Daarna zelfs naar het conservatorium, want het werd allemaal wel geapprecieerd wat ik deed. En ja, van lieverlee beet ik me erin vast.

Na eerst wat omzwervingen in andere orkesten kreeg ik uiteindelijk een vaste baan in een goed orkest. Het leek allemaal succesvol, maar ik weet ook wat het me kostte. Ik moest ontzettend hard werken, of althans dat idee had ik. Ik studeerde en studeerde als een gek. En toen dat op een gegeven moment eigenlijk niet de gewenste glorie bracht waar ik onbewust op had gehoopt (de houding van mijn moeder naar mij toe veranderde niet) haalde ik er andere instrumenten bij. Ik probeerde dan maar saxofoon en piano, en naderhand viool en fluit. Ik probeerde van alles, want het ging niet zozeer om *wat* ik deed maar *waarom* ik het deed, en wat ik ermee wilde bereiken. Wat was dat? Ik wou er goed in worden, ik wou bewijzen dat ik wat waard was.

Zo had ik mijn muzikale energie volledig versplinterd. Maar het gevoel dat ik iets voor elkaar kreeg, dat kreeg ik niet. In het orkest functioneerde ik redelijk, maar het ging wel ten koste van mezelf en van mijn eigen leven. In die tijd had ik dat niet door, totdat ik een jaar of 33 was. Toen werd ik ziek. Ik kreeg hepatitis, waarschijnlijk van uitputting. Daarna is het eigenlijk nooit meer precies hetzelfde geweest. Ik heb toen leren inzien dat ik te veel hooi op mijn vork had. Niet zozeer vanwege te veel activiteiten of te lange werkdagen. De psychische ballast die maakte dat ik *zo* wanhopig succesvol wilde zijn ondermijnde mij. Ik deed de dingen niet omdat ik ervan hield of omdat ik ervoor betaald werd. Nee, ik had een hele andere, zij het onbewuste, **Verborgen Agenda**: mijn ouders laten zien dat ik wel degelijk de moeite waard was om serieus genomen te worden. Of misschien was het tegen die tijd al meer om het negatieve gevoel dat ik over mijzelf had weg te 'bewijzen'.

Hoe weet je of je motivatie gezond is of juist niet? Een goede maatstaf daarvoor is om te kijken hoe je de dingen ervaart. Hoe hoog je emoties oplopen als er iets misgaat. Word je vaak boos? Ben je zo verschrikkelijk gefrustreerd dat je alles kort en klein wilt slaan? Begin je tegen iedereen te schreeuwen? Of een extreem voorbeeld: denk je er wel eens over om jezelf iets aan te doen? Dan is de kans groot dat je emoties veel te intens zijn voor wat er eigenlijk in de realiteit aan het gebeuren is.

Stel je voor, je hebt een heerlijke salade gemaakt voor je gasten. Net als je met zijn allen aan tafel wilt gaan pikt één van je kinderen alle lekkere dingetjes uit de sla. Dat je dat niet leuk vindt, is heel voorstelbaar. Maar als je daardoor volledig van slag raakt en nijdig alle kroketjes uit het schaaltje ernaast pakt en ze een voor een rechtop in de sla zet, dan is de intensiteit van je emotie niet in overeenstemming met de werkelijke gebeurtenis.

Een ander voorbeeld: je hebt net de vloer gedweild en je zoon komt binnen met modderlaarzen. Is niet leuk natuurlijk, maar als je daarvan echt helemaal uit je dak gaat en je zoon voor van alles en nog wat uitmaakt, dan moet je je afvragen of daar nog iets anders achter zit dan alleen maar het feit dat je het nog een keer over moet doen.

Of dat je, als je kind thuiskomt met een slecht rapport, tegen haar van leer trekt en haar vertelt hoe stom ze eigenlijk is. Dat het nooit wat met haar zal worden. Dat je toch altijd zoveel moeite doet om te zorgen dat ze haar huiswerk op tijd maakt en hoe het dan toch kan dat ze geen goede cijfers haalt. Oké, het is niet leuk natuurlijk, maar het is geen reden om je kind achter het behang te plakken.

Bij elk van deze voorbeelden past een zekere mate van frustratie, maar het is niet het einde van de wereld. Zo kun je misschien voor jezelf ook wat situaties bedenken waarop je een bepaalde reactie vertoonde die je zelf niet eens zo goed begreep, die eigenlijk toch buiten proportie was in verhouding tot de aanleiding. Als je consta-teert dat de intensiteit van je emoties een beetje aan de hoge kant is, dan wordt het tijd om naar binnen te kijken. Dat heet introspectie plegen. Want dat is de enige manier waarop je erachter kunt komen waarom dat zo is.

Als je zo aan het resultaat van dingen hangt, slaap je daar ook slecht van. Je bent dan bang dat ze mislukken. Maar wat zou er eigenlijk gebeuren als die dingen zouden mislukken? In het geval van de vloer moet je gewoon die vloer overdoen. Of zit er misschien nog iets anders achter? Waar ben je eigenlijk zo bang voor dat je zó boos wordt?

Stel je voor dat je een mooie tekening hebt gemaakt en je hond heeft hem te pakken gekregen en aan stukjes gekauwd. Dat lijkt mij een goede reden om erg boos en verdrietig te zijn. Als je motivatie om de tekening te maken gezond is, baal je ervan dat hij verloren is gegaan en dat je er voor niks energie in hebt gestopt. Is je motivatie ongezond (je wilde hem aan je moeder geven om er een goed-ge-voel-over-jezelf mee te halen) dan vind je het vooral vreselijk dat je het achterliggende verborgen doel er niet mee zult kunnen bereiken.

Het gaat je dan niet eens zozeer om het verlies van je tekening of je vergeefse moeite. Daar ben je helemaal niet mee bezig. Samenvattend: om te weten te komen of je motivatie gezond is of ongezond moet je onderzoeken of de intensiteit van je emoties in overeenstemming is met de daadwerkelijke gebeurtenis.

In de vorige hoofdstukken hebben we gezien hoe, in grote lijnen, ouders en opvoeders verantwoordelijk zijn voor een negatief zelfbeeld van hun kinderen. Zij zijn het die hun kinderen dagelijks een spiegel voorhouden waarin je als kind kunt leren over hoe je wordt gezien. Of je wel wordt gezien en jezelf mag zijn. Het is heel lastig om je ouders ervan te betichten dat ze je met een slaapprobleem hebben opgezadeld. Als ze het geweten zouden hebben, hadden ze zeker hun best gedaan om het te vermijden.

Voor mij was de realiteit echter dat ik met een gigantisch slaapprobleem zat. Om mijzelf daarvan af te helpen heb ik de gevolgen van het niet ontwikkelen van een zelf-gevoel in kaart moeten brengen. En let wel, een kaart betekent niet dat het de ultieme waarheid bevat. Het is een manier om dingen te herkennen en ermee om te gaan. Toen ik daar eenmaal inzicht in had gekregen, heb ik de Zelf-Gevoel Methode ontworpen. Het is een systeem dat je in staat stelt om je zelf-gevoel, als dat achteraf gezien nodig blijkt, alsnog op te bouwen.

Wil jij ook inzicht krijgen in hoe het met jouw motivatie gesteld is? Is die gezond of ongezond? Houd dan vooral in de gaten hoe je reageert op dingen. Dat is natuurlijk makkelijker gezegd dan gedaan, want in de praktijk van het leven vergeet je heel gemakkelijk dat plannetje om jezelf in de gaten te houden. Maar met oefening en vastberadenheid kun je dat wel voor elkaar krijgen. Of je kunt natuurlijk ook achteraf je gedrag of reactie even onder de loep nemen en evalueren: 'Nou, die reactie van mij was wel heftig maar ook goed op zijn plaats gezien de gebeurtenis waardoor hij teweeg werd gebracht'. Of misschien juist het tegendeel: 'Nou, die emotie die ik toen had, toen mijn man vertelde dat we waarschijnlijk moeten verhuizen, was zwaar overdreven. Wat zou daar achter kunnen zitten?'

Op deze manier kun je je eigen emoties in kaart brengen en kijken of ze binnen het normale, groene gebied vallen of juist in het verkeerd gemotiveerde rode gebied. Dat geeft je al veel informatie over de aard van je motivatie en daarmee ook over de kwaliteit van je zelf-gevoel.

Het doel van de Zelf-Gevoel Methode is om je te helpen je zelf-gevoel te herstellen. Zelfs als je erachter zou komen dat jouw zelf-gevoel eigenlijk te zwak is of helemaal niet aanwezig, is er toch de hoop dat je deze situatie ten goede kunt veranderen, wat uiteindelijk tot een gezonder slaappatroon leidt.

De kwaliteit van je zelf-gevoel bepaalt de aard van je motivatie, en die bepaalt hoe je slaapt.

De kwaliteit van je zelf-gevoel bepaalt de aard van je motivatie, en die bepaalt hoe je slaapt!

In dit hoofdstuk heb je gezien hoe je erachter kunt komen hoe dat bij jou zit. Waarom sommige mensen wel een gezonde motivatie hebben en andere niet, en wat je er zelf aan kunt doen, lees je in het volgende hoofdstuk.

5

De ouderlijke spiegel en de ontwikkeling van je zelf-gevoel

Niet jezelf mogen zijn betekent: niet-slapen.
Gewoon jezelf zijn betekent gewoon slapen.

Slaapproblemen bepalen de kwaliteit van je dagelijks leven. Als je geen problemen hebt met slapen begint de ene dag misschien wat frisser dan de andere, maar door de bank genomen heb je 's morgens goede zin om de dag te beginnen. Heel anders is het wanneer je last hebt van slapeloosheid. Dan ben je alleen met je probleem en lig je soms nachten lang, met vermoeide ogen, naar het plafond the staren. Of je knijpt je ogen stijf dicht om jezelf de illusie te geven dat je toch een beetje slaapt. Dekens van je af, dekens over je heen, want soms lig je te rillen van de kou en dan weer breekt het angstzweet je uit: zal ik wel slapen…? Morgen moet ik vroeg op om naar de gym te gaan. Of je hebt een belangrijke vergadering op je werk, of je moet rijexamen doen of vul het zelf maar in.

Hoe het voelt om opnieuw de dag te beginnen als je nauwelijks geslapen hebt, is iets wat je alleen kent als je het hebt meegemaakt. Zelfs de mensen met wie je samen bent hebben er geen idee van hoe je je hele persoon als het ware op een laag pitje moet zetten. Je mag echt niet meedoen! Je angst wordt waarheid.

Moe zijn en niet geïnspireerd om mee te doen aan activiteiten met anderen. Geen puf hebben om dingen op touw te zetten. Je te slap voelen en het bij voorbaat al opgeven om plannen te maken.

De verantwoordelijkheid is te groot omdat je er niet op kunt rekenen dat je fit genoeg je bed uit komt om daadwerkelijk te doen wat je gezegd hebt. Zo voelt het om een slaapprobleem te hebben.

In dit hoofdstuk gaan we proberen verder te komen met het vinden van de oplossing voor je slaapprobleem.

Of je als ouder je kind *echt ziet* als zijn/haar eigen persoontje bepaalt of je kind zal leven vanuit een gezonde of vanuit een ongezonde motivatie. Dat is dan weer de beslissende factor of je kind een neiging tot slapeloosheid ontwikkelt. Ongezonde motivatie staat in dienst van het realiseren van een verborgen doel, waarmee iemand met een gebrek aan zelf-gevoel dat gebrek probeert te compenseren. De stress die het realiseren van het verborgen doel met zich meebrengt veroorzaakt slapeloosheid. Om je slaapprobleem op te lossen moet je je verborgen doel elimineren.

Waarom krijgt het ene kind dat wel mee van zijn ouders en het andere niet, is de volgende vraag die zich aandient. Het onderwerp van dit hoofdstuk, **Spiegelen**, heeft daar alles mee te maken. Of je nu ouder bent of kind, dit verhaal gaat op voor beide partijen. Elke ouder is ooit kind geweest en draagt vaak nog een stukje van dat kind die hij/zij vroeger was in zich. Vaak ook is het net dat stukje waar je nog iets mee te stellen hebt. Inzicht krijgen in welke boodschappen er, in een vroeg stadium, door je opvoeders aan je zijn doorgegeven kan ook hier van groot belang zijn.

Het ouderlijk spiegelen begint al meteen na de geboorte van je baby. Je spiegelt je kind door de manier waarop je op hem/haar reageert. Automatisch, zonder dat je je daarvan bewust bent, zend je verbale en non-verbale boodschappen uit die aangeven wat je kind voor je betekent op zo'n moment. Hoe je je over hem of haar voelt. Het kind pikt die feilloos op.

Soms ben je, ondanks het feit dat je een ouder bent, toch heel erg met jezelf bezig. Het kan zijn dat je zelf problemen hebt of een veeleisende baan. Maar het gevolg ervan is dat je nooit echt tijd hebt of de zielenrust die nodig is om oprechte aandacht op te brengen voor het wel en wee van je kind. Dit gebrek aan echte betrokkenheid met je kind valt onder emotionele verwaarlozing, wat tegenwoordig erkend wordt als een ernstige tekortkoming in de opvoeding. De gevolgen zijn namelijk nogal ingrijpend: je kind kan daar een negatief zelfbeeld aan overhouden. Het kan bij het kind leiden tot het onderwerp van dit boek: slapeloosheid (zie ook mijn boek *Gezond Zelf-Gevoel*). Bovendien hebben ouders in zo'n situatie ook nog wel eens de neiging om hun kind min of meer te dwingen om zich zo te gedragen en te ontwikkelen dat het binnen het gezin geen stof doet opwaaien. Er zijn immers al zo veel moeilijkheden om op te lossen.

Toch wil een kind graag het gevoel hebben dat het geliefd is en dat het belangrijk is voor zijn ouders. Leven is een complexe zaak en ouders hebben meestal de beste bedoelingen. Het kan echter gemakkelijk gebeuren dat je als ouder voorbij gaat aan die behoeftes van je kind. Op zichzelf is dat niet zo heel erg, als je maar nooit voorbij gaat aan hun behoefte *om daadwerkelijk gezien* te worden. Een kind of een jongere wil zijn bestaan bevestigd zien in de ogen van zijn ouders. Als de ouder daarin faalt vormt zich in het kind het idee van 'ik ben niet goed genoeg. Ik moet anders zijn.' Om toch dat gevoel te krijgen waardevol te zijn, probeert het kind vervolgens uit te vinden hoe hij of zij die ouder het best kan behagen. Hoe krijg je als kind de glimlach of de liefkozing van je moeder of vader waar je zo blij van wordt?

De strategie die je als kind ontwikkelt om zoveel mogelijk kans te maken op de goedkeuring van je ouder leidt tot gedragsveranderingen die je eigen natuur geweld aandoen. Je ouders veranderen meestal weinig en jij wordt steeds beter in het perfectioneren van *gedrag zoals je ouders dat graag van je zouden willen zien*.

Ondertussen word je ook niet echt aangemoedigd jezelf te zijn. Je opvoeders helpen je niet om je eigen natuur uit te dragen. Zo ontwikkel je geen zelf-gevoel en word je dus als het ware een lege huls. In die leegte zou eigenlijk je zelf-gevoel moeten zitten, maar die wordt nu gevuld door de roep om goedkeuring van je ouders. Die goedkeuring geeft je een goed-gevoel-over-jezelf . Om dat gevoel steeds weer terug te krijgen word je verslaafd aan het voldoen aan voorwaarden die goed genoeg zijn om die goedkeuring te verdienen. Na verloop van tijd weet je niet beter, en wordt dat streven de belangrijkste drijfveer in je leven. We hebben het er al even over gehad: dat wordt dan uiteindelijk die ongezonde motivatie.

**Ongezonde Motivatie
is een drijfveer die gericht
is op Scoren met als enige doel
het krijgen van goedkeuring.**

Hoe ziet het leven eruit als je vanuit ongezonde motivatie handelt? Dan is de kans groot dat je een 'control freak' wordt. Je wilt graag dat de zaken gaan zoals ze jou uitkomen, zodat jij in staat bent om aan de voorwaarden te voldoen die jou de goedkeuring opleveren die je een goedgevoel geven.

Maar wat gebeurt er bijvoorbeeld als je als ongezond gemotiveerd persoon een relatie krijgt? Dan ben je samen met iemand, en als de grote verliefdheid na een tijdje wat minder wordt, treedt voor de meeste mensen vaak ook een botsing met de alledaagse werkelijkheid op. Want hoe vaak komt het niet voor dat, als jij het raam open wilt hebben, je vriend of je partner hem juist dicht wil hebben? Jij hebt net een prima baan maar nou wil hij verhuizen naar een andere stad voor de zijne. Afwegen wie zijn zin krijgt wordt deel van je dagelijkse routine samen. Als je een control freak bent geworden omdat je dat goed-gevoel-over-jezelf nu eenmaal heel hard nodig hebt, kon het wel eens zijn dat dat je partner in de weg staat om de dingen te doen zoals hij of zij het graag ziet. Zonder de nodige toegeeflijkheid kunnen conflicten gemakkelijker hoog oplopen, met alle onplezierige gevolgen van dien.

Eén van die voorwaarden waar je, zonder gezond zelf-gevoel, bijna met geweld aan wilt voldoen is *goed slapen*. Natuurlijk wil je graag goed slapen, niet alleen om de gewone reden, namelijk omdat je je dan veel beter voelt, maar vooral ook omdat dat het krijgen of niet krijgen van een vals zelf-gevoel in hoge mate beïnvloedt. Alleen daarom al kan deze ogenschijnlijk normale voorwaarde leiden tot een enorme behoefte aan controle over de omstandigheden. Misschien wil je je bed precies in die hoek en het kussen precies zo hoog en zo hard hebben. Je wilt precies om een bepaalde tijd naar bed, niet vroeger en niet later. Misschien kun je alleen maar slapen als je bepaalde dingen gedaan hebt. Kortom, er vormt zich een heel ritueel rond je slapen. Je wordt als het ware afhankelijk van al die omstandigheden en dat kan de vrijheid van je slaapmaatje aardig beperken.

Voor mij was niet-slapen een teken van egoisme, en ik voelde me dan ook flink minderwaardig op die momenten van wanhopige woede als het me weer niet lukte de slaap te vatten. Ik zag helemaal niet in dat het uiteindelijk het ergste was voor mezelf. Ik was zelfs niet bezig met wat er in mijzelf omging. Dat was niet mogelijk omdat ik mij niet echt bewust was van mijzelf, van *mijn echte zelf.*

Natuurlijk voelde ik wel van alles, maar dat was voornamelijk angst dat ik niet zou slapen en woede als het me niet lukte. Maar hadden die gevoelens echt iets met mijzelf te maken? Met mijn echte zelf, bedoel ik weer. Het enige wat ik voelde waren emoties de gericht waren op het behalen van *een goed-gevoel-over-mijzelf,* op het verdienen van mijn vals zelf-gevoel dus.

Begrijp je het al een beetje? Wat ik probeer over te brengen is dat ik er zelf eigenlijk helemaal niet was. Niet voor mijzelf maar ook niet voor een ander! Ik was alleen maar bezig met het voldoen aan alle voorwaarden die ik mezelf had opgelegd. Achteraf heb ik duidelijk begrepen dat *dat* het enige was wat mij echt bezighield. Anders was ik immers niet meer dan een lege huls!

Deze situatie heeft jaren geduurd, want het slaapprobleem ging niet zomaar weg. Ik heb mezelf grondig moeten onderzoeken, en pas daarna ging het langzaamaan beter en heb ik ook mijn boek, *Gezond Zelf-Gevoel,* kunnen schrijven. Daaruit is toen *de Wees Jezelf Cursus* voortgekomen. Nu is hier dan het boek dat ook jou van je slaapprobleem af kan helpen.

Een van de dingen die je moet doen is korte metten maken met die verslavende gewoonte om aan allerlei (vaak zelfopgelegde) voorwaarden te willen voldoen. Dat is het keurslijf dat je nachtrust verstoort, en daar moet je je van bevrijden. Je moet kijken naar *het waarom* van je dagelijkse activiteiten. Je motivatie dient gezond te zijn en gericht op de dingen zelf. Dat kan alleen als je een gezond zelf-gevoel hebt ontwikkeld.

De volgende vraag is nu: hoe doe je dat? Door in te zien *en toe te geven* dat je een *verborgen doel* hebt. En dat verborgen doel is dat je nog steeds bezig bent om je ouders of je verzorgers te bewijzen dat je wel zeker de moeite waard bent. En dat je nog steeds hunkert naar hun liefde en hun waardering. Hoe minder zelf-gevoel je hebt, des te langer die hunkering je blijft plagen.

Dit is waarschijnlijk niet alleen iets wat jou overkomt. We hunkeren immers allemaal naar aandacht, waardering en liefde, maar uiteindelijk zijn we allemaal op onszelf aangewezen. We zijn gewoon alleen in de wereld, ook al zijn we omringd door nog zoveel anderen. In het gunstigste geval kun je je wellicht een samenleving voorstellen waarin alle mensen een gezond zelf-gevoel hebben. Niemand is er emotioneel afhankelijk van de ander. Dat zou dan maken dat je beter kunt samenwerken en dus samen een betere wereld creëert.

Maar als je eenmaal in de onfortuinlijke omstandigheid verkeert dat je geen gezond zelf-gevoel hebt, dan ben je *wel* afhankelijk van anderen om je goed over jezelf te voelen. Je zou zelfs kunnen zeggen dat je anderen zo de macht geeft om te bepalen hoe jij je over jezelf voelt. En dat is natuurlijk een ongunstige situatie. Als je van een ander geen goedkeuring krijgt, dan kan dat komen doordat je iets niet goed hebt gedaan. Maar het kan ook heel goed zijn dat het niets met jou te maken heeft en volledig bij de ander ligt. En zo is het ook vaak met het ouderlijke* spiegelen.

---

* Het woord ouderlijk verwijst hier naar eigen ouders of anderen die als opvoeder fungeerden: andere familieleden, vrienden, professionals, leraren.

De boodschappen die je als kind verbaal of non-verbaal van je opvoeder krijgt, kunnen de basis leggen voor een negatief zelfbeeld, zo hebben we al geconcludeerd. Als je de boodschap hebt opgepikt dat ze je een vervelend kind vinden, een lastpost of een egoïstisch meisje, dan hoeft dat in werkelijkheid niet zo te zijn. Het kan wel zijn dat het voor hen op dat moment zo leek omdat ze met iets anders bezig waren. Maar jij als kind neemt voetstoots aan dat zij de waarheid spreken. Zeker als je dat maar vaak genoeg hoort of van hun gezicht kunt aflezen. Wij denken immers, tot op zekere leeftijd, dat onze ouders altijd de waarheid in pacht hebben.

In mijn geval heeft mijn man heel erg zijn best gedaan om mij te helpen mijn negatieve zelfbeeld te weerleggen. Hij heeft ook gemerkt dat dit onmogelijk is voor een buitenstaander, ook al wil hij of zij je nog zo graag helpen. Als je eenmaal het gevoel hebt dat er van alles niet aan je deugt, kun je dat alleen zelf oplossen door hard aan jezelf te werken.

Als je samenleeft met iemand die een gebrek aan zelf-gevoel heeft, weet dan dat er grote kans bestaat dat jij, als partner, op het tweede plan komt. Die persoon is namelijk afhankelijk van het realiseren van de voorwaarden die nodig zijn voor zijn/haar vals zelf-gevoel en wordt daardoor dagelijks volkomen in beslag genomen. Er is geen ruimte voor echte aandacht voor de partner.

Vraag je eens af hoe dat in je eigen situatie zit. Zou het misschien kunnen dat je relatie, je vriend of vriendin eigenlijk op de tweede plaats komt? Ik vraag dit omdat je het hierboven geschetste scenario kunt beschouwen als een bijverschijnsel van het niet-slapen, want *het heeft dezelfde oorzaak*. Er zijn nog onnoemelijk veel andere bijverschijnselen, want een gebrek aan zelf-gevoel leidt tot veel ongemak en ongeluk. Sla hier het boek *Gezond Zelf-Gevoel* maar eens op na. Gelukkig is het zo dat met het herstellen van je zelf-gevoel niet alleen je slaapprobleem, maar ook veel andere pijn en ongemak verdwijnen.

Onderzoek maar eens bij jezelf of je motivatie gezond is of niet. Hierbij moet je heel eerlijk zijn tegenover jezelf. Zou misschien ook bij jou een verborgen doel je slaappatroon kunnen beïnvloeden? Als je motivatie over het algemeen niet zo gezond is als je dacht moet je stappen ondernemen om die verkeerde motivatie te doorgronden.

Dat doe je door allereerst een goed begin te maken met *het ontwikkelen van je zelf-gevoel*, met behulp van de al eerder vermelde oefeningen.

Ten tweede moet je *je verborgen doel*, dat je zoveel leed heeft opgeleverd, actief en bewust *ontmantelen*. Je moet echt inzien en voelen dat dat doel je niet meer dient. Dan kun je vanuit de grond van je hart besluiten dat je voortaan je eigen doel bent. Vanaf dat moment maak je je persoonlijke welzijn en wat je van het leven wilt maken tot je ultieme doel.

Het is iets waar je gelijk mee aan het werk kunt gaan. Neem een paar minuutjes de tijd en ga nog eens voor die grote spiegel staan. Kijk jezelf nogmaals diep in de ogen en vraag je in alle eerlijkheid af: 'Waar ben ik eigenlijk mee bezig?' Uiteindelijk heb ook jij maar één leven en moet je ervoor zorgen dat het van jou is.

Want weet je, je moet goed uitkijken dat je niet achter iets aanloopt waarvan je niet precies weet wat het is. Het gaat hier om jouw leven! Word wakker en verlaat die wereld waar je op je automatische piloot functioneert en je tijd en levenskracht vergooit aan het najagen van een doel dat je nooit op die manier kunt bereiken: een gezond zelf-gevoel. Gooi dat ongezonde, verborgen doel ver van je af en stel vanaf nu jezelf volledig in dienst van je eigen leven. Onderken je echte eigen behoeftes en richt je energie dáárop. Ontwikkel je eigen talenten! Wees je eigen persoon! Het eventuele niet-slapen herinnert je er wel aan of je nog wel op dat goede pad zit!

In het vorige hoofdstuk zag je hoe de aard van je motivatie bepalend is voor je slaapgedrag. Psychische stress vanwege je onderbewuste doel om goedkeuring te krijgen heeft een negatieve invloed op je slaap. In dit hoofdstuk hebben we het gehad over de ouderlijke spiegel die verantwoordelijk is voor de ontwikkeling van je zelf-gevoel en de aard van je motivatie die daarmee samenhangt.

Die motivatie is ongezond omdat hij een verborgen doel dient. Het verborgen doel opheffen en jezelf tot je eigen doel maken is de oplossing voor je slaapprobleem.

Hierna kun je lezen over wat er gebeurt als blijkt dat je je verborgen agenda nooit zult kunnen realiseren omdat er zich permanente tegenslag aandient. Hoofdstuk zes belicht een aantal stemmingen en stoornissen die kunnen optreden als gevolg van het uitblijven van het beoogde doel. Depressie, angst en slapeloosheid vallen daar zeer zeker ook onder.

Depressie en slapeloosheid

'Zal ik ooit in staat zijn
te laten zien wat ik waard ben?'

Slapeloosheid heeft een negatief effect op bijna elk aspect van je dagelijks leven. Daar weten we allemaal waarschijnlijk wel over mee te praten. Wie heeft er nooit eens slapeloze uurtjes of nachten doorgebracht, en ervaren dat je je de dag daarna aanzienlijk slapper, verwarder of ronduit doodmoe voelt. Op je werk ben je minder gemotiveerd. Je bent trager, dus komt er weinig uit je handen. Misschien ook ben je geneigd om minder hard te lopen en je gymnastiek maar een keertje over te slaan. Om je verlaagde energieniveau wat op te krikken kies je gemakkelijker voor snacks die je anders niet zo gauw zou eten.

Chronische slapeloosheid is een stille belager die op een negatieve manier je relatie met andere mensen beïnvloedt, je financieel schade toebrengt en je gezinsleven onder druk zet. Voor sommigen van ons betekent het dat we niet in staat zijn om onze gewichtstoename te beheersen: we hebben vaker honger omdat we zo weinig energie hebben en we voelen ons tegelijkertijd te slap om gezonde fysieke activiteit te ondernemen. Anderen verliezen juist hun eetlust, voelen zich lusteloos en zien er bleek uit. Wanneer je de dag niet doorkomt zonder overdag je gemiste slaap in te halen terwijl de rest van de wereld bruist van vitaliteit, geeft dat een gevoel van eenzaamheid. Wellicht voel je je zelfs beschaamd vanwege het feit dat je dit probleem hebt, zoals bij mij het geval was. Kortom, je bent voortdurend in de ban ervan: slapend als je wakker moet zijn en wakker als je moet slapen, waardoor het onmogelijk is om het ritme te volgen van de gemiddelde werkende mens in de samenleving. Is het niet volkomen begrijpelijk dat depressie in zo'n situatie op de loer ligt?

Depressie kan ook intreden als blijkt dat je nooit in staat zult zijn je verborgen doel te verwezenlijken. Dat kan zijn omdat belangrijke personen uit je leven verdwijnen, of als gevolg van een **Innerlijk Conflict**, of zelfs als gevolg van het pro-actief elimineren van je verborgen doel.

In de geneeskunde wordt slapeloosheid aan depressie gekoppeld, maar de vraag is natuurlijk: wat is de kip en wat is het ei? Toen ik van de ene op de andere dag niet meer in slaap kon komen, was dat dan omdat ik al gedeprimeerd was of raakte ik gedeprimeerd omdat ik niet kon slapen? Depressie kan zich in meer of minder hevige mate manifesteren. Wanneer de depressieve periode langere tijd of zelfs levenslang duurt, waarbij je humeur, denkpatronen en energie uiterst negatief gekleurd blijven, dan wordt dit als een depressieve stoornis gezien. In dit boek zou ik mij willen beperken tot de lichtere vormen van depressie, aangezien ik niet medisch onderlegd ben. Ik spreek alleen uit ervaring.

Depressie is eigenlijk een situatie waarin je als het ware je stoom kwijt bent. Als je een ballonnetje zou zijn, of een fietsband, dan zou je leeggelopen zijn. Als je aan depressie lijdt ben je als persoon leeggelopen wat motivatie en energie betreft.

Waarom gebeurt zoiets?

De ZG Methode
ZIET DE OORZAAK VAN DEPRESSIE
ALS HET GEVOLG VAN JE ONVERMOGEN
OM IETS WAT VAN CRUCIAAL BELANG
VOOR JE IS, VOOR ELKAAR
TE KRIJGEN.

De oorzaak daarvan kan je eigen onkunde zijn, maar het kunnen ook redenen van buitenaf zijn: je bent niet bij machte je heilige doel te realiseren; nu niet en nooit niet!

Je hebt je leven aan deze zaak, dit doel, gewijd en nu het voor altijd onmogelijk is geworden geef je het op. Dit gebeurt echter alleen dán, wanneer het duidelijk voor je is geworden dat verder proberen geen zin heeft. Maar tegelijk kan het heel goed zijn dat je dan ook je 'stoom' om deel te nemen aan het leven kwijtraakt. In extreme gevallen gaat dat gevoel nog dieper en komen er momenten waarop je je afvraagt of het niet beter is er helemaal mee op te houden.

Wat nu is de relatie van dit verhaal met slapeloosheid?

Eerder hebben we gezien hoe je vanwege je gebrek aan zelf-gevoel de slaaf geworden bent van het realiseren van je onderbewuste verborgen doel, dat gericht is op het krijgen van goedkeuring van je ouder/verzorger. Dat was omdat het je een goedgevoel geeft over jezelf, wat functioneert als je vals zelf-gevoel. Kortom, je heilige doel is dan dus geworden om je vals zelf-gevoel te verdienen. Als het verhaal over depressie jou aanspreekt, lees dan het bovenstaande stukje nog een keer en denk daarbij aan je eigen heilige doel.

In mijn geval lag het ongeveer zo: doordat ik een baby had gekregen, was het voor mij onmogelijk om net zo hard voor mijn concerten te studeren als ik gewend was. Ik kon mijn aandacht niet meer volledig aan mijn muzikale loopbaan geven en die was toch zo verschrikkelijk belangrijk voor me. Zoals ik al eerder heb aangegeven was de rol die het uitvoeren van muziek in mijn leven speelde niet zozeer de muziek zelf, maar meer om te bewijzen dat ik wel degelijk de moeite waard was. Dat ik wel degelijk echte liefde waard was. Ik wilde er vreselijk graag zo goed in worden dat mijn ouders trots op me zouden zijn.

Daarbij kwam nog dat mijn baby veel te vroeg was geboren. Zij was een couveusebaby, geboren na iets meer dan zes maanden zwangerschap. Na haar geboorte raakte ik voortdurend in conflict over waar ik mijn aandacht aan moest geven. Aan de ene kant was ik afhankelijk van mijn muzikale loopbaan en aan de andere kant afhankelijk van het welzijn van mijn baby.

En hoe denk je dat mijn onderbewuste erop reageerde dat mijn heilige doel niet meer het middelpunt kon zijn van mijn focus? Precies: ik kreeg acuut problemen met slapen en niet zo'n klein beetje ook. Ik lag nachtenlang wakker, maar omdat het conflict zich op onbewust niveau afspeelde had ik er absoluut geen zicht op.

En let op: Ik heb het nu niet over mijn activiteiten in dienst van het welzijn van mijn baby. Een ideale moeder zou natuurlijk alleen maar denken aan haar kind. Maar dat ik zelf moeder was geworden betekende niet dat ik plotseling geen kind meer was. En in die hoedanigheid had ik mijn eigen moeders goedkeuring nog steeds harder nodig dan wat dan ook. Dat gold ook voor het omgaan met en opvoeden van mijn kindje, en dus kon ik mij, op straffe van het krijgen van afkeuring, niet permitteren om daarin tekort te schieten.

Ik zou me voor dit gebrek aan het primair stellen van mijn kindje kunnen schamen, maar dat doe ik niet meer. Ik vind het belangrijker dat je goed begrijpt hoe het allemaal in elkaar zit. Voor jou is het namelijk van groot belang te begrijpen dat het innerlijke conflict dat toen ontstond niet werd veroorzaakt doordat ik niet in staat zou zijn geweest twee activiteiten – mijn kindje verzorgen en mijn baan in het orkest naar behoren doen – naast elkaar te managen.

Als ik een gezond zelf-gevoel had gehad, had dat zeker gekund. Er zijn meer mensen die zoiets doen. Het probleem ontstaat als je vanwege je gebrek aan zelf-gevoel je activiteiten (onbewust) gebruikt om een vals zelf-gevoel te verdienen. Immers, het niet in staat zijn dit goed-gevoel-over-jezelf te bewerkstelligen wordt ervaren als een soort doodsbedreiging. Niet zo zeer fysiek natuurlijk, maar omdat *niet gezien en gehoord worden* voelt als een soort van niet-bestaan.

In mijn situatie als nieuwe moeder, gecombineerd met het najagen van mijn verborgen doel, kon ik het op geen enkele manier meer goed doen. De ene helft van mij wilde hard aan het werk gaan om alsnog mijn muzikale loopbaan weer in beweging te krijgen. Dan kon ik tenminste weer verder gaan met, wat ik noem, **Scoren**, punten maken op de ladder van prestaties. Mijn andere helft wilde de rustige, liefdevolle moeder zijn die ik zelf niet had gehad. Beide wegen om een goedgevoel over mijzelf te verdienen leidden in een tegenovergestelde richting; ik had mijn zaak al bij voorbaat verloren.

Als je op alle fronten je heilige doel in gruzelementen ziet vallen, is de kans groot dat je daardoor in een depressie raakt. Je hebt geen idee wat er aan de hand is. Het enige wat ik toen kon bedenken was 'Ik ben toch eigenlijk niet zo iemand die altijd kwaad is? Ik ben toch niet iemand die zo gauw schreeuwt? Ik ben eigenlijk een heel positief mens, hoe kan het dan dat ik mij nu als jonge moeder zo gedraag?'

De hele nacht lag ik dan te draaien en te woelen tussen de lakens, en 's morgens hees ik mijzelf meer dood dan levend uit bed. Ik voelde me op alle fronten in gebreke blijven: ten opzichte van mijn kindje dat op me lag te wachten en ten opzichte van mijn partner, die naar zijn werk moest en vaak plaatsvervangend de moederrol voor mij vervulde. Ik schoot tekort in het voldoen aan de verwachtingen van mijn eigen moeder die mij zo graag had gezien als een 'normale moeder'. En ook mijn eigen heilig voornemen om haar te laten zien 'dat ik dat zomaar eventjes allemaal deed' ging de mist in.

Ondanks al die gevoelens ging ik zo dagelijks aan de slag. Ook al had ik weinig energie, toch probeerde ik heel positief te zijn met mijn baby, want het was natuurlijk het allerliefste baby'tje op de hele wereld. Bovendien begreep ik als geen ander hoe belangrijk dat was voor mijn kindje. Maar als persoon was ik helemaal gespleten en ik begreep niet hoe dat kwam. Deze situatie leidde voor mij tot een vorm van depressie die zich manifesteerde als slapeloosheid.

Ik was ook voortdurend kwaad. Als er iets mis ging, als er ergens iets tussen kwam, als mij iets mislukte... Samen met de kinderen maakte ik van karton een stopbordje, net zo een als de conducteur ophield om de trein te laten stoppen, in lang vervlogen tijden. 'Als mama weer zo kwaad is zeg dan alsjeblieft, "Mama, bordje op rood." Want ik kón het niet binnenhouden. Die kwaadheid was een vorm van rechtvaardiging van mezelf. Die kwaadheid betekende eigenlijk: 'Ik wil wel maar ik kan niet. Ik slaap niet. Het is mij onmogelijk te zijn zoals ik eigenlijk vind dat ik zou moeten zijn.' Ik wist toen alleen nog niet dat het was om de verkeerde reden.

Mijn boosheid deed eigenlijk dienst als excuus. Mijn uitbarstingen verhulden een grote angst voor wat er zou gebeuren als ik in alles tekort schoot. Maar die angst had niets met mijn kinderen zelf te maken en ook niet met mijn werk of zelfs maar met mijn moeder of mijn man. *Waar ik echt bang voor was had niets met de realiteit te maken.* Hier speelde mijn verborgen doel op, het ingebeelde idee dat in de loop van de tijd tot gewoonte was geworden en waarvan ik niet beter wist dan dat dat echt gerealiseerd moest worden. De misvatting aan al die voorwaarden te moeten voldoen om een vals zelf-gevoel te verdienen, bij gebrek aan een gezond zelf-gevoel. Had ik toen maar met mijn eigen hoofd kunnen denken en met mijn eigen ogen kunnen kijken. Dan zou het me dan duidelijk zijn geweest dat het idee dat ik met alle geweld een vals zelf-gevoel moest zien te krijgen slechts een bijna ziekelijke inbeelding was en dat ik alleen maar doodsbang was dat ik dat niet voor elkaar zou krijgen. Want dat was in die periode van mijn leven de meest angstaanjagende situatie, die ik met alle geweld wilde vermijden.

Want, behalve het focus daarop, was ik er eigenlijk niet echt. Ik was die lege huls. Ik had geen gevoel over mijzelf, ik voelde niet dat ik al bestond in vlees en bloed en dat ik daarom alleen al alle recht had mijzelf te zijn. Deze redenering is een voorbeeld van de continue denkbeeldige doodsstrijd van iemand met een gebrek aan zelf-gevoel.

Ondertussen verhuisden we twee keer naar het buitenland. Eerst naar Portugal en daarna naar de VS. Het duurde nog ongeveer vijf jaar voordat ik voor het eerst aan mijn bureau ben gaan zitten en gedacht heb: ik moet zelf aan het werk om mijzelf van mijn slapeloosheid af te helpen. Tegelijkertijd wilde ik ook nog steeds aan de weg timmeren als muzikant. Tussen het niet-slapen door was mijn leven dan ook een aardige strijd: ik had nooit genoeg tijd om elk idee om een goedgevoel te verdienen, uit te werken, wat ook weer de stress verhoogde.

Misschien zit jij nu dit verhaal te lezen met oververmoeide ogen en een wazige blik, misschien kwaad op de omstandigheden of er helemaal aan onderworpen, denkend dat het toch niks wordt omdat je nou eenmaal niet slaapt. Misschien zelfs ben je overmand door depressieve gevoelens. Ik hoop zo dat je inziet *dat depressie vaak niets te maken heeft met je echte leven*, met je echte zelf, maar voortkomt uit het niet kunnen realiseren van je verborgen doel.

Je verborgen doel ontdekken, daar gaat het om. Misschien denk je in eerste instantie: 'Ach, dat heb ik niet.' Kijk dan nog maar eens een keertje heel goed in jezelf. Het is iets dat je met je meedraagt in je leven zonder dat je het weet. *Dat doel moet je namelijk ontmantelen en dan besluiten dat je voortaan je eigen doel wordt.* Zorg ervoor dat jouw leven echt gaat om jou, en niet om het krijgen van iemands goedkeuring of om het tevreden houden van iemand, ook al is die persoon nog zo bij jou betrokken, al is die persoon iemand van je eigen familie! Ik zou willen zeggen: *Juist iemand van je eigen familie!* Het ligt namelijk voor de hand dat een van je ouders of opvoeders degene is door wie je zo graag echt gezien zou willen worden. Dat is dan ook degene wiens goedkeuring je nodig denkt te hebben.

Slapeloosheid komt voort uit de angst je verborgen doel niet te kunnen verwezenlijken. Dat betekent geen goed-gevoel-over-jezelf plus alles wat daaraan verbonden is, zoals we dat in de voorgaande hoofdstukken hebben kunnen zien.

Voor de volledigheid herinner ik je er even aan dat je je slapeloosheid ook kunt zien als een vorm van zelf-sabotage. In het eerste hoofdstuk hebben we kunnen lezen dat het een middel van de Natuur is om jou te laten inzien dat je niet met je eigen leven bezig bent. Vandaar dat ik het woord heb omgedoopt tot sabotage van je vals zelf-gevoel. Deze *andere* manier om naar het probleem te kijken kan je helpen meer inzicht te krijgen in de gecompliceerdheid van de situatie en zo eerder een oplossing binnen bereik te krijgen.

Depressie treedt in als je niet in staat denkt te zijn ooit je verborgen doel te realiseren. Het kan zijn dat je ouder, aan wie dit doel is opgedragen, uit je leven is verdwenen, door overlijden of anderszins. Het moeten missen van een ouder of een geliefde is op zichzelf al een impactvolle gebeurtenis in je leven; als je ook nog van zijn of haar goedkeuring afhankelijk was voor je (kunstmatig) zelf-gevoel heeft dat leed een extra dimensie. Dan ligt depressie, met veel potentiele dramatische bijverschijnselen, op de loer.

Tenslotte nog dit: depressieve gevoelens kunnen je ook overvallen als je zelf je verborgen doel weghaalt en het vervangt door jezelf, als doel. Misschien is dat gemakkelijker te verwerken, maar niettemin toch heel intens. Wees daarop bedacht als je bijvoorbeeld dingen voelt als: 'ik heb geen zin meer om te leven. Ik heb er genoeg van.' Want dat komt omdat je iets wat je altijd motiveerde nu (zelf) onderuithaalt, zelfs al is 't het meest zinnige wat je kunt doen om jezelf te bevrijden van slapeloosheid.

Het opheffen van je behoefte om je ouders te behagen, zodat zij je eindelijk accepteren en erkennen als hun geliefde zoon of dochter, is cruciaal om je slaapprobleem op te lossen. Je doel is om je eigen doel te worden in het leven. Nogmaals: je hebt maar één leven en je moet ervoor zorgen dat het van jou is. Dat verborgen doel zit dat volledig in de weg. Daarmee ben je eigenlijk de slaaf van je automatische piloot en die moet je nu uitschakelen. Je moet nu voor jezelf denken: 'Wat doe ik met dit leven? Wat vind ik van het leven? Wat denk ik dat ik ermee kan doen? Wat zijn mijn capaciteiten? Wat zijn mijn talenten? Wat zijn mijn beperkingen? En hoe kan ik mijn leven zo invullen dat ik aan het eind ervan kan zeggen: ik heb een bevredigend leven achter de rug.'

Weet dat depressie past in het plaatje van gebrek aan zelf-gevoel, ongezonde motivatie, verborgen doel, afhankelijkheid van goedkeuring. Wanneer je dit verhaal goed hebt begrepen ben je niet alleen in staat om jezelf van je slaapprobleem af te helpen, maar tegelijkertijd heb je de handvaten om depressieve gevoelens om te turnen tot gevoelens van levenslust en waardering. Depressie is niet gericht op je echte zelf. Depressie heeft te maken met de angst om nooit meer in staat te zullen zijn een vals zelf-gevoel te verdienen. Maar dat hoeft ook niet want je *bent* al. Voel je lichaam, word je bewust van jezelf, doorvoel je eigen persoon. Kijk met die ogen om je heen en je zult zien: je houdt van het leven!

In dit hoofdstuk heb je gezien dat het gevoel om nooit in staat te zullen zijn je ouders of jezelf te bewijzen dat je wel degelijk iets waard bent tot depressie kan leiden of erger. Je verborgen doel ont-mantelen is het devies! In deze oplossing te geloven is niet moeilijk meer als je gaat inzien dat er een zelfde oorzaak ten grondslag ligt aan gebrek aan zelfvertrouwen en slapeloosheid. Het wordt steeds duidelijker wat je moet doen om van beide problemen af te komen… Lees nu verder in hoofdstuk zeven.

Waar Koop Ek Slaap?

van een onbekende dichter uit Zuid-Afrika

Op hierdie vroeg vroeg oggend nag
sit ek alleen in Woes wereld
en ek smag na slaap…

naggeluide om my heen
paddatjies kwaak
op die kreepy krauly pyp
roep hul maatjies nader
vir 'n swem…

Ek hoor die bure
se kinders
terugkom van hul joll

Woefies blaf
iewers is 'n teef weer
op hitte…
buurman links
geluk met jou kroos
oor 2 mnde…

Ek hoor my kids
asemhaal…
krieke roep maters
triüiet trüet trüet
nader

Ek hoor 'n hasie
bo op sy huisie spring
en sien hoe blink sy
rooi oog in die nag

goggatjies vlieg
dwarsdeur die huis
en 'n muskiet
kom helikopter verby

ek dink as ek fyner moet luister
gaan ek die grassies hoor asemhaal…

En ek sit nog steeds en wag vir slaap

2:03
ek gaan maar buite op die gras le en kyk na sterretjies…

Zelfvertrouwen, angst en slapeloosheid

Wat je kunt doen als je niet slaapt

Je slaapt niet of niet goed. Dat is een heel vervelende zaak, maar hoe zit het met de rest van je leven? Gaat alles verder goed? Heb je het gevoel dat je leven redelijk goed verloopt? Heb je de baan die je ambieert; heb je goede vrienden of vriendinnen? Voor mij was dat niet echt het geval en veel dingen die niet zo soepel verliepen in mijn leven waren achteraf gezien voor een groot deel te wijten aan mijn afhankelijkheid van een vals zelf-gevoel voor mijn zelf-ervaring. De conclusie is dan ook: Je zelf-gevoel herstellen is de oplossing van je slaapprobleem.

In dit hoofdstuk kun je zien hoe gebrek aan zelfvertrouwen dezelfde oorzaak heeft als niet-slapen. Hoe het herkennen van patronen in je gedrag inzicht kan verschaffen in de oorzaak van het probleem. Verder beschrijf ik hoe je de tijd dat je 's nachts wakker ligt kunt besteden op een manier die je helpt bij het vinden van een oplossing. Een dominant patroon is zeer zeker de angst om niet te slapen. Deze angst is een facet van het overkoepelende gebrek aan zelf-gevoel en gaat gepaard met vele andere angsten, waar ik verderop wat dieper op inga.

De Zelf-Gevoel Methode kan jou van je gebrek aan zelf-gevoel afhelpen en daarmee je slaapprobleem teniet doen.

Je bent het waarschijnlijk wel zat om kribbig te reageren terwijl je eigenlijk vriendelijk van aard bent. Je reageert natuurlijk vaak kribbig omdat je moe bent. Ben je soms niet bang dat je gezondheid lijdt onder het voortdurende gebrek aan slaap? Zou je niets liever willen dan je goed kunnen concentreren, focussen op je werk, en een goed product afleveren? Je voelt vast wel aan dat alles je beter zou afgaan als je maar je broodnodige slaap zou kunnen krijgen. Die situatie *kun* je creëren voor jezelf met de Zelf-Gevoel Methode. Als je daarmee aan het werk gaat kun je je slaapprobleem als verleden tijd beschouwen.

Een basisprobleem is bijvoorbeeld dat je vaak wel gemakkelijk het woord 'ik' gebruikt maar er geen gevoel bij hebt leren ontwikkelen. *Wie ben ik, wat ben ik, hoe weet ik dat ik ik ben? Mijzelf? Wat is dat eigenlijk? Hoe kan ik dat voelen?* Als je geen duidelijk beeld hebt van jezelf, of alleen een negatief beeld, hoe kun je dan verwachten dat je daar rustig bij kunt slapen? Je moet vaak zoveel in deze wereld, geld verdienen, cool zijn, vader/moeder zijn of juist niet, een vriend/vriendin hebben en zijn en misschien ook een liefhebbende oma/opa of een wijze senior. Maar hoe doe je dat als je niet op jezelf kunt bouwen omdat je niet weet waar je *zelf* zit; als je niet de vaste overtuiging hebt dat je bestaat als je zelf. Dit ontdekken is wat het herstellen van je zelf-gevoel inhoudt.

Kun je je voorstellen dat je goed zou slapen als je de innerlijke rotsvaste overtuiging had dat wat jij denkt en doet goed genoeg is? Als je volledig in jezelf zou geloven? Als je een gezonde dosis vertrouwen had in jezelf?

Zelfvertrouwen hebben en goed kunnen slapen zijn eigenschappen die heel erg aan elkaar verwant zijn. Wat is zelfvertrouwen anders dan weten dat je je eigen persoon bent? Dat je het recht hebt op je eigen opinie en dat je je leven mag leiden op een manier die bij jou past? Met andere woorden, dat je niet voortdurend bezig hoeft te zijn met andere mensen te plezieren om hun goedkeuring te krijgen en je daarmee eindelijk een beetje goed over jezelf te voelen.

Zojuist hebben we vastgesteld dat je beter zou slapen als je in jezelf zou geloven en genoeg zelfvertrouwen had. Het lijkt dan ook zinnig om daaraan te gaan werken.

Hoe kom je aan zelfvertrouwen?

Zelfvertrouwen heeft alles te maken met of je wel of niet een gezond zelf-gevoel hebt. Zonder zelf-gevoel kun je geen zelfvertrouwen hebben. Het komt namelijk voor dat je niet echt verbonden bent met je eigen persoonlijkheid en je eigen persoon, vaak zelfs niet eens met je eigen lichaam. Je voelt je meer als die lege huls waar we het al eerder over hebben gehad: je weet dat je een mens bent maar het voelt net alsof je niet voor de volle honderd procent aanwezig bent. Als je iets moet doen of beslissen weet je eigenlijk niet waar je je daarbij op moet baseren. Je hebt geen zogenaamde denkbeeldige ruggengraat, geen bron waar je je kracht uit kunt putten.

De leegte die je van binnen ervaart wordt alleen dan gevuld als je een goed-gevoel-over-jezelf hebt verdiend. Hoe kun je jezelf nou vertrouwen als dat *zelf, jouw zelf,* niet echt aanwezig is? Met een gezond zelf-gevoel doorvoel je van binnenuit dat je je eigen persoon bent. Als je echt jezelf bent dan straal je dat uit. Voor veel mensen komt dit echter niet vanzelf en als je bent opgegroeid in een situatie waar dat niet is gestimuleerd ontstaat dat gevoel helemaal niet. Dan is het nodig om aan je zelf te werken en steviger in je schoenen te leren staan en naar voren te kunnen treden met genoeg zelfvertrouwen om je zaken tot een goed einde te brengen.

Herinner je je nog hoe niet-slapen voortkwam uit ongezonde motivatie, wat veroorzaakt werd door afhankelijkheid van een vals zelf-gevoel omdat er geen gezond zelf-gevoel aanwezig is? Dit betekent dus dat de methode om je slaapprobleem op te lossen precies dezelfde is als de methode om meer zelfvertrouwen te krijgen. Om zelfvertrouwen te krijgen moet je eerst een zelf-gevoel hebben. En daarom is de Zelf-Gevoel Methode dé methode om je zelfvertrouwen te verbeteren en tegelijkertijd je slaapprobleem op te lossen.

Dat werd mij duidelijk toen ik plotseling van de ene op de andere dag niet kon slapen. Het gebeurde net op een moment dat zo belangrijk voor me was: ik stond op het punt om terug te keren in het arbeidsproces. Ik wilde dat ook heel graag en daarom begreep ik aanvankelijk absoluut niet wat er aan de hand was. Wel had ik al gemerkt dat ik heel vaak kwaad werd, op de omstandigheden, ook wel op mezelf als ik verkeerd reageerde, en op andere mensen omdat ze niet zo deden als ik wilde.

Zo gemakkelijk ontploffen is één van de duidelijkste symptomen van een gebrek aan zelf-gevoel. Dan heb je immers hard een vals zelf-gevoel nodig en dat maakt dat je afhankelijk wordt van het verdienen van een goedgevoel. Wanneer je dat niet krijgen kunt, voelt het net alsof je geen bestaansrecht hebt; dan tel je niet mee. Het krijgen van een goed-gevoel-over-jezelf is dan van levensbelang, zo ervaar je dat tenminste. En als iedereen en alles tegenwerkt, en dat lijkt soms zo, dan raak je in paniek en word je verschrikkelijk kwaad.

Toevallig was niet *kwaad worden* juist een van de voorwaarden waar ik aan moest voldoen. Ik kreeg namelijk altijd heel snel ruzie met mijn moeder, en wat ik juist zo hard nodig had was haar goedkeuring. Boos worden was taboe! Ik was daarom van binnen meestal in een strijd gewikkeld om die woede, die ik heel duidelijk ervaarde, te onderdrukken. En dat onderdrukken is één van de redenen voor mijn niet-slapen geweest. 's Nachts had ik toen sterk de neiging om eens flink tegen mijn man aan te praten. Dan spoot alle ellende die ik die dag had ervaren eruit. Vaak hielp het me om na zo'n stortvloed van woorden en emoties eindelijk de slaap te vatten.

Maar wat geldt er nu voor jou?

Wat zijn voor jou de dingen of gevoelens die je met alle geweld wilt vermijden?

Kun je daar voor jezelf eens een lijstje van maken?

Wat zijn de dingen die voor jou van (levens-)belang lijken? Is dat: je mag niet kwaad worden?

Of je moet er altijd goed uitzien?

Of je moet altijd op tijd zijn?

Er zijn legio zaken waar wij ons dagelijks druk om maken zonder dat we daar bewust zicht op hebben.

Als je afhankelijk bent van goedkeuring betreft dat meestal in eerste instantie de goedkeuring van een speciaal persoon: je vader, je moeder, een leraar of een andere belangrijke persoon in je leven. Je moet je dus goed afvragen wat die speciale persoon van jou verwacht. Hoe zou je zijn/haar goedkeuring kunnen verdienen? Wat zou je daarvoor anders moeten doen dan je gewoonlijk doet? Als je daar duidelijkheid over krijgt, geeft dat waarschijnlijk al een goede indicatie over wat jij voor regeltjes voor jezelf hanteert. Het naleven van die regeltjes draagt bij aan je slaapprobleem; het is een stressvolle zaak want als het niet lukt dan krijg je die goedkeuring niet.

Wat is nou de praktijk van je nachtelijk leven als je niet kunt slapen? Wat kun je dan doen?

Het is verstandig die tijd in te zetten voor het oplossen van je probleem. Hier is een overzichtje van wat je zoal kunt doen gedurende die donkere uurtjes. Daarna zal ik schetsen hoe dat er bij mij uitzag.

Er zijn drie verschillende doelen die je met je nachtelijke activiteit kunt nastreven: je emoties die betrekking hebben op voorvallen van de afgelopen dag reguleren, informatie verkrijgen over wat er gaande is in jezelf en jezelf geruststellen.

* Als je huizenhoge emoties ervaart kun je die inspreken op je telefoon.
* Als er te veel dingen tegelijk aan de hand zijn in je leven is de kans groot dat er een innerlijk conflict speelt. Ook hier helpt inspreken op je telefoon; wanneer je niet zo'n spreker bent, kun je ze ook opschrijven.
* Als je patroontjes herkent moet je ze op jouw eigen wijze vastleggen.

* Al pratende over wat je ervaart krijg je soms plotseling waardevolle inzichten in het waarom van je niet-slapen.
* Heb compassie met jezelf.
* Vaak is je gevoel over het niet-slapen erger dan de realiteit; kijk dus naar wat er in de werkelijkheid aan de hand is.
* Andere mensen zien vaak helemaal niet dat je niet hebt geslapen; ze zijn meestal meer met zichzelf bezig.

Laat me hier met de geruststellende activiteit beginnen. Het is heel belangrijk dat je je geen verwijten maakt over je slaapprobleem. Tenslotte doe je het niet voor je plezier.

Wat andere mensen ook zeggen, laat je niet van de wijs brengen. Het is niet jouw fout dat je niet slaapt. Het is het gevolg van wat er in je leven ooit aan de hand was en hoe je dat hebt geïnterpreteerd.

Het is het ergste voor jezelf! Als je van anderen te horen krijgt dat je hen het leven moeilijk maakt, probeer je dat dan niet aan te trekken. Je hebt hun goedkeuring niet nodig.

Ook al voel je je moe of down, je kunt soms enorm opknappen als je je realiseert dat anderen meestal niet in de gaten hebben dat je niet geslapen hebt. Je mag dan het gevoel hebben dat het als het ware van je gezicht is af te lezen, maar anderen zijn er helemaal niet op gefocust. Ze zijn bezig met hun eigen leven.

Voor mij begon het allemaal na de geboorte van mijn eerste baby, toen ik weer aan het werk moest. Eén of twee dagen van tevoren kon ik opeens niet meer in slaap komen. En ja, dat is natuurlijk desastreus. Iedereen die enigszins moet presteren op zijn werk, en wie moet dat niet, die begrijpt de impact van zo'n situatie.

Op sommige avonden wist ik van tevoren dat ik niet zou kunnen slapen en op andere avonden was het een volledige verrassing. In het begin dacht ik, 'Oh, ik moet wennen aan het hebben van een baby, dus het zal met een paar weekjes wel beter worden.' Maar dat gebeurde niet. Wel begon ik steeds meer patronen te herkennen. Je kon moeite hebben met inslapen, of je kon moeite hebben met doorslapen, of je was te vroeg wakker. Soms viel ik gewoon om van de slaap en dan moest ik 's middags maar even een momentje nemen om wat in te halen.

Na verloop van tijd wist ik bijna zeker dat ik niet zou slapen na een film, na seks, nadat ik een goede dag had gehad, na een leuke belevenis, of voor een feestdag. Vooral verjaardagen en Kerstmis waren favoriet om voorafgegaan te worden door een slapeloze nacht. Maar het was ook schering en inslag voor Moederdag of voor een leuk uitje voor mezelf. Als ik 's morgens vroeg naar de gymnastiek wilde gaan, sliep ik geheid niet. In ieder geval werd het voor mij op de lange termijn onmogelijk om mijn baan als fagottiste in het orkest te behouden, en die heb ik dus helaas moeten opgeven.

Maar zelfs zonder aanleidingen van buitenaf zorgde mijn slaap-probleem ervoor dat mijn levensvrijheid flink beperkt werd. Nooit kon ik er gewoon van uitgaan dat ik zou slapen. Met kleine kinderen om je heen ben je toch al aardig beperkt. Om daarnaast nog een soort van eigen leven te handhaven, professioneel zowel als sociaal gezien, dat was gewoon niet mogelijk.

In het begin bleef ik angstvallig in mijn bed liggen en probeerde ik tegen de klippen op alsnog in slaap te vallen. Maar slaap kun je niet forceren. Hoe harder je het probeert des te minder het lukt. En helemaal als er iemand naast je op de een of andere manier luidruchtiger is dan gewenst, laten we het zo maar noemen. Soms kan een gestaag gesnurk nog wel eens een beetje ontspannend werken, maar onverwachte uithalen van snurken, hard ademen, hoesten, of ook plotselinge bewegingen waren een vreselijke uitdaging voor me. En met de beste wil van de wereld kan je partner niet vermijden dat hij of zij geluid maakt of een onwillekeurige spierbeweging maakt of zich gewoon even uitrekt.

Voor mij waren dat echter doemscenario's. Wanneer ik eindelijk een beetje sliep en er vond zoiets plaats, dan was ik meteen terug bij af. Dan sloeg de paniek in als een bliksemflits en werd ik doodsbang dat ik niet zou slapen. Die angst joeg dan onmiddellijk een stoot adrenaline door mijn lijf, waardoor ik sowieso twee, tweeënhalf uur niet eens hoefde te proberen om te slapen. Aanvankelijk bleef ik wel in bed liggen, want wat moet je anders doen 's nachts? Het was een periode die ontzettend lastig was voor beide partijen, want natuurlijk vindt je partner het niet leuk dat hij/zij dat soort effect op je heeft. Tegelijkertijd kan hij/zij er ook niet echt iets aan doen.

Uiteindelijk ben ik over deze zaken gaan nadenken en is mijn grootste vriend mijn taperecordertje geworden, later mijn mobiele telefoon. Als ik inzichten had sprak ik ze in op mijn recorder, en zo ben ik dus langzaam maar zeker, ook binnen mijzelf, bepaalde patronen gaan herkennen. Als ik niet kon slapen dan ging ik uit bed en in plaats van mijn man wakker te maken, luchtte ik mijn hart op mijn recorder. Dat was een goede manier voor mij om wat te ontspannen, zodat ik daarna de slaap beter kon vatten. Tegelijkertijd creëerde ik zo een enorme hoeveelheid materiaal waar ik later conclusies uit kon trekken.

Het herkennen van patronen in jezelf is de sleutel tot het oplossen van je slaapprobleem.

Waarom slaap ik nu weer niet?

Wat heb ik gedaan?

Hoe voelde ik me daarbij?

Wat was er echt aan de hand?

Op wiens goedkeuring was ik deze keer uit?

Wie heeft mij deze keer een slecht gevoel bezorgd?

Was het terecht of onterecht dat ik me dat aantrok?

En nog miljoenen andere vragen die je jezelf hardop kunt stellen op zo'n bandje en ze ook heel eerlijk beantwoorden. En vaak hielp alleen al het luisteren ernaar om alsnog in slaap te vallen.

Als je gaat terugluisteren merk je vaak snel waar de negatieve patronen liggen die leiden tot het niet kunnen slapen. Bij mij had dat dus alles te maken met de angst om geen validatie te krijgen, geen waardering, geen goedkeuring, geen gevoel dat ik erbij hoorde. Dat kwam goed overeen met het gebrek aan zelf-gevoel dat ik had. Ik was een lege huls die gevuld moest worden met een goedgevoel over mijzelf om nog een beetje overeind te blijven staan. Ik was als de dood dat ik dat goede gevoel niet kon krijgen en een lege huls zou blijven.

In de Zelf-Gevoel Methode heet die angst, **Angst voor Bestaansloosheid**. Dat was dus eigenlijk mijn basisangst, en daarnaast had ik nog een flink aantal andere angsten die daarop gebaseerd waren.

Wat nu volgt is een belangrijk gedeelte voor mensen die vinden dat ze erg angstig zijn en niet precies weten waarom dat is. Het zou namelijk kunnen zijn dat jouw angst ook voortkomt uit die basisangst om geen lege huls te willen zijn. Integendeel, je wilt je gezien en gehoord voelen. Je wilt meedoen in het leven, deel zijn van het geheel. Je wilt voelen dat je leeft en dat anderen je appreciëren… Al die zaken staan op het spel, denk je, als je niet aan de voorwaarden kunt voldoen; als je geen goedgevoel kunt verdienen door die zo onmisbare goedkeuring te krijgen.

Hier zijn een aantal van die angsten die voortkomen uit de algemene angst om geen vals zelf-gevoel te kunnen krijgen. Laten we vooropstellen dat er in het leven altijd angsten zullen zijn. Er zijn situaties of ontwikkelingen die heel spannend zijn omdat er veel vanaf hangt. Het is dus niet zonder meer verkeerd om angst te hebben. Alleen als die angst je een gevoel geeft dat het om zaken van levensbelang gaat, en zo diep gaat dat hij als het ware *je zijn* beroert, dan moet je je afvragen of die angst wel reëel is. Er is namelijk grote kans dat het hier om inbeelding gaat. Inbeelding gebaseerd op conclusies uit het verleden. En dat is niet iets om geringschattend over te doen, want in die tijd had je vast een goede reden om ze te ontwikkelen. NU is een andere tijd, en daarin passen ze niet meer.

Gebaseerd op die algemene angst voor het niet halen van een vals zelf-gevoel, is er *de angst voor je eigen emoties*. Stel dat je bijvoorbeeld heel vaak het verwijt hebt gehoord van degene wiens goedkeuring je nodig hebt dat je 'altijd een probleem hebt'. Om dat oordeel te ontzenuwen ga je je eigen emoties monitoren en probeer je met alle geweld het hebben van een probleem te vermijden. Of iets anders: stel dat je niet kwaad mag worden. Je weet dat je ouder/verzorger dat van je wil en dus ook dat je daarmee je kans op goedkeuring verspeelt. Dan monitor je als een gek je eigen emoties om je eigen gedrag te kunnen controleren. Je wordt bang om dingen te ervaren die bepaalde emoties oproepen die niet wenselijk zijn.

Om die reden probeer je dan je omgeving te controleren. Binnen je gezin moeten je man en je kinderen het ontgelden. Maar ook op het werk of onder vrienden. Als jij bang bent voor je eigen emoties probeer je de mensen in je omgeving zich zo te laten gedragen dat je niet kwaad op hen hoeft te worden. Iedereen moet meehelpen om jou dat goede gevoel te laten houden. Je loopt zelf op eieren en je omgeving leert dat ook te doen. Want als je eenmaal kwaad wordt, dan word je zo kwaad dat dat een hele onaangename sfeer teweegbrengt en dan heeft niemand meer een goedgevoel!

Dus als je merkt dat je bang bent voor je eigen emoties kun je dat zien als een symptoom van de afhankelijkheid van een vals zelf-gevoel voor je zelfervaring.

Verder is er *de angst voor je eigen gedrag*. Deze angst is nauw verbonden aan de angst voor je eigen emoties, want je bent bang voor je emoties omdat je je gedrag onder controle wil houden om al diezelfde redenen.

Dan is er *de angst om niet te kunnen functioneren*. Als je een gebrek aan zelf-gevoel hebt ben je erop gericht je goedkeuring van buitenaf te krijgen. Dat vereist wel dat je goed functioneert. Als dat niet lukt, bijvoorbeeld doordat je totaal niet kunt slapen, dan is het begrijpelijk dat je daar als de dood voor bent. Zo komt er een enorme druk op *je slapen* te staan. En dat is bepaald niet bevorderlijk voor je slaap. Naast het feit dat je werk niet gedaan wordt en je daarmee je werkgever of je collega's benadeelt, is dan ook de kans verkeken dat je daar een goedgevoel uit kunt halen. Geen vals zelf-gevoel dus. En nogmaals, dat is een gevecht op leven en dood. Denk maar even terug aan het idee van een lege huls te zijn.

Vervolgens is er *de angst voor verandering*. Je krijgt een andere baan, er komt een nieuwe collega, je krijgt een andere baas, je gaat verhuizen, je kind wordt ziek of je wordt zelf ziek. Er zijn zoveel momenten van verandering in ons dagelijks leven, maar als je een gebrek aan zelf-gevoel hebt, heb je veel meer moeite om daar op een goede manier mee om te gaan.
Net als je alles zo hebt georganiseerd dat je een zo groot mogelijke kans hebt op een goed-gevoel-over-jezelf, moet alles anders. Dit kan een reden zijn om minder goed te slapen.

Een andere grote angst die overal op kan gaan zitten is *de faalangst*. Op je werk als je een presentatie moet geven, als je je mening over iets moet uitspreken, als je examen moet doen, als je een aankoop doet of als je een keuze moet maken. Overal waar je de steun van je echte zelf nodig zou hebben, terwijl je daar geen echte verbinding mee hebt. Daardoor is het alsof je geen grond onder je voeten voelt. Niet omdat je de dingen *niet echt kunt*, maar je hebt geen zelfvertrouwen omdat je er *niet echt bent*.

Een belangrijk aspect van faalangst is dat je motivatie indirect is: je doet de dingen niet om de dingen zelf maar om ze te gebruiken voor het creëren van een vals zelf-gevoel. Je focus is dan niet helemaal op het doen van die dingen, maar onbewust erop gericht om er iets voor jezelf uit te halen: bewijzen dat je *toch wel* de moeite waard bent. Spreken in het openbaar, musiceren en andere zaken waarbij publiek aanwezig is kunnen zeer beladen zijn met faalangst als ze ingezet worden om een vals zelf-gevoel te verdienen.

Ik heb dat zelf ervaren als fagottiste. Ik bereidde mijn concerten altijd heel goed voor. Als ik dan een mooie solo speelde, ging dat meestal als volgt: ik ging prima van start, maar halverwege stapte ik als het ware uit mezelf om naar mezelf te kijken. Een plagend stemmetje in mij zei dan dingen als 'Als je nou eens de tel mist? Of: 'als je instrument nou opeens hapert?' Daarna kostte het mij de grootst mogelijke moeite om die solo, die ik anders op een prettige manier heel mooi had kunnen uitvoeren, tot een goed einde te brengen.

Nog jaren daarna heb ik nachtmerries gehad dat ik een concert had en dat ik dat was vergeten. Opeens bedacht ik dan in paniek, als het al veel te laat was: 'Oei, ik heb een concert. Ik weet niet waar mijn fagot is, waar heb ik die eigenlijk gelaten? Is hij thuis of in het Concertgebouw?' Of ik droomde dat ik wel aanwezig was voor het concert maar geen zwarte kleren bij me had. Een andere afschuwelijke droom was, dat als ik eenmaal op mijn plek zat in het orkest, mijn riet opeens omgebogen of gebroken bleek te zijn.

Al deze zaken duiden op faalangst. Als je namelijk de dingen doet om hun eigenlijke reden kun je zeker ook wel spanning ervaren en een beetje stress, maar dat kan op een gunstige manier werken omdat het je focus ten goede komt. Als je de dingen gebruikt om een vals zelf-gevoel te creëren of om bewondering af te dwingen en daarmee een goed-gevoel-over-jezelf te krijgen, zijn er hele andere dingen aan de hand. Ze zijn alleen voor een buitenstaander niet te zien; en zelfs niet voor jezelf als je er niet echt een punt van maakt!

Als speciale opdracht voor dit hoofdstuk zou ik willen voorstellen dat je vandaag iets onderneemt wat je totaal geen goedkeuring gaat opleveren. Iets wat desnoods afkeuring teweegbrengt of geen enkele reactie. Maar het moet iets zijn wat je echt alleen maar 'voor jezelf' wilt doen. Iets waar andere mensen misschien wel gek van zouden opkijken, of waar je ouders of verzorgers helemaal niks van zouden willen weten. Doe het dan toch en kijk hoeveel angst en spanning dat bij je veroorzaakt. Het is ook een grappige manier om je eigen wensen en verlangens te onderzoeken en je vrij te maken van een verslaving aan goedkeuring.

En als je eenmaal vrij bent van de verslaving aan goedkeuring ben je er niet meer van afhankelijk om dingen precies zo voor elkaar te krijgen dat je niet tegen ongewenste gevoelens of kritiek aanloopt. Want dan weet je *dat je al bent*, en daar kun je dus met een gerust hart op gaan slapen. Ik zeg je daarbij ook heel eerlijk, *dat gevoel dat je weet dat je bent* moet echt zijn en heel diep gaan. Het moet echt verankerd zitten in je hart en nieren.

Een gebrek aan zelf-gevoel leidt tot de onmogelijkheid om op je zelf te kunnen vertrouwen. En als je niet in contact bent met je echte zelf word je afhankelijk van een vals zelf-gevoel. Dat leidt weer tot de stressvolle dwangmatigheid om aan voorwaarden te moeten voldoen om die goedkeuring te krijgen die dat goed-gevoel-over-jezelf oplevert dat fungeert als je vals zelf-gevoel. En dat is de uiteindelijke oorzaak van je niet-slapen. Door je zelf-gevoel te herstellen los je alles in één klap op. In hoofdstuk acht introduceer ik twee elementen die een belangrijke rol spelen bij het in stand houden van je verslaving, je **Verinnerlijkte Ouderlijke Stem (VOS)** en je automatische piloot.

De stem op de achtergrond en je gewoonte ernaar te luisteren

Genezing gaat gepaard met terugval

Hoe je ouders echt over je dachten en wat ze echt voor je voelden waren misschien zaken waar ze zichzelf niet eens zo bewust van waren. Iedereen is zo druk met zijn eigen leven bezig, zelfs als je een ouder bent en toch eigenlijk veel tijd aan je kind zou moeten besteden. Juist dat lukt vaak niet en dat is niet zo erg. Als je je kind maar *echt ziet*. En vanuit je perspectief als kind: als je je, als kind, maar *echt gezien voelt*. Dan kun je een gezond zelf-gevoel ontwikkelen en ben je niet zo kwetsbaar.

Als je ouders erg met zichzelf bezig zijn omdat ze zelf geen gezond zelf-gevoel hadden dan komt, zoals we gezien hebben, het vervullen van hun eigen voorwaarden op de eerste plaats. En als je als kind (en een kind kan ook iemand zijn die zélf al kinderen heeft) verslaafd bent aan de goedkeuring van je ouders is hun stem, de VOS (verinnerlijkte ouderlijke stem), goed in jezelf bewaard gebleven. Sterker nog, hij blijft de leidraad in je leven.

In dit hoofdstuk laat ik je zien hoe de VOS, tezamen met zijn vaste kameraad de automatische piloot, een belangrijke rol speelt in het vinden van de oplossing voor je slaapprobleem. Verder spreken we over jezelf herconditioneren, wat heel goed mogelijk is maar je moet ook rekening houden met terugval, wat het hele proces lastiger maakt. Ten slotte geef ik je nog een paar voorbeelden van hoe ik zelf met specifieke patronen van niet-slapen omging, als inspiratie om niet bij de pakken neer te gaan zitten.

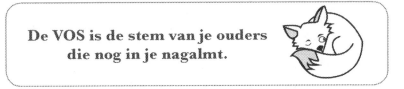

De VOS is de stem van je ouders die nog in je nagalmt.

Begrijp me goed, die verinnerlijkte ouderlijke stem is geen echte stem in je hoofd. Het is niet dat je stemmetjes hoort maar het is meer dat de boodschappen opwellen uit je eigen gemoed. Je *denkt* gewoon dat jij het zelf bent die dat vindt, maar dat komt omdat je daar nooit over hebt nagedacht. Maar *jij* bent het helemaal niet. Het is eigenlijk een gewoonte die stamt uit de tijd dat je dagelijks de verbale en non-verbale boodschappen van je ouders/opvoeders hoorde. Doordat je er nooit vraagtekens bij hebt gezet zijn die boodschappen voortdurend bevestigd en tot gevoelens geworden. Gevoel over jezelf. Zelfs wanneer je als volwassen persoon, of zelfs als senior, iets doet wat die VOS behaagt, dan voel je je nog steeds goed over jezelf.

Hoe is het mogelijk dat je nog steeds naar de meningen en conclusies van je ouders uit het verleden luistert en je niet eens afvraagt of je het er wel mee eens bent? Dat komt omdat je *op je automatische piloot* leeft, waar je echte zelf aan het stuur van je eigen persoon en van je eigen leven zou moeten zitten. Maar met een gebrek aan zelf-gevoel is er geen verbinding met je eigen persoon, dus kun je ook je leven niet echt zelf besturen.

Op de automatische piloot varen
**is leven zonder je actief af te vragen
of je zelf eigenlijk wel achter de keuzes
en beslissingen staat
die je 'automatisch' maakt.**

De mens is een gewoontedier en tot op zekere hoogte leven we allemaal op onze automatische piloot, want we zouden niet kunnen functioneren als we over al onze handelingen moesten nadenken. Maar vanwege je afhankelijkheid aan goedkeuring en de bijbehorende gewoonte om aan allerlei voorwaarden te voldoen, is het absoluut noodzakelijk dat je bepaalde reacties van je automatische piloot onder de loep neemt en je afvraagt: '*Wat vind ik er eigenlijk zelf van?*'

De VOS en de automatische piloot zijn twee begrippen die zeer nauw met elkaar zijn verweven, en soms gaan ze als het ware in elkaar over. Maar denk er maar aan als aan twee aparte verschijnselen. Het zijn allebei mechanismen die je voortdurend terugtrekken in je oude gedragspatroon. Tenzij je actief besluit daar iets aan te doen zijn ze verantwoordelijk voor het in stand houden van je slaapprobleem!

Je VOS wordt klakkeloos geaccepteerd als je op de automatische piloot leeft.

Het is dus zaak om je van beide mechanismen te bevrijden. Eerst moet je een beter idee krijgen van de manier waarop deze processen je in de ban kunnen houden. Laten we beginnen met de automatische piloot.

Om het stuur over jezelf weer over te nemen van je automatische piloot moet je je er allereerst van bewust worden dat je te maken hebt met iets dat ergens in je onderbewuste is opgeborgen. Je moet inzien dat je dus eigenlijk passief bent op zo'n moment. Deze passiviteit moet je zien om te draaien naar activiteit: actief betrokken zijn bij wat er speelt op dat moment. En zelfs als je dit principe door hebt dan nog is het vreselijk lastig om je automatische piloot te onderscheppen.

Probeer dit maar eens uit met een object dat je vaak gebruikt. Een klok bijvoorbeeld of een prullenmand. Neem iets dat al jaren op dezelfde plaats staat en geef het dan een andere plaats. Ik hoef je niet te zeggen dat het veel langer duurt dan je dacht voordat je hebt afgeleerd om op te kijken naar de plek waar die klok eerst hing, of naar de plaats te lopen waar die prullenmand daarvoor stond.

Zo lastig is het om dingen te veranderen die je op je automatische piloot doet. Nee, eigenlijk nog oneindig veel lastiger want het is een abstract iets wat je wilt veranderen en zelfs het herkennen ervan is niet eenvoudig.

Toch is het van belang dat je je automatische piloot onderschept als je weer dat gevoel van vroeger krijgt, dat je dit of dat niet goed kunt, of altijd zo en zo doet. Vul het maar in voor jezelf. Je automatische piloot speelt je parten bij het niet-slapen omdat het de stem van je ouders levend houdt. Hun verwachtingen en voorwaarden voor goedkeuring worden elke dag opnieuw weer nieuw leven ingeblazen omdat jij ernaar luistert. Dat is ook de reden dat je verslaafd blijft aan het realiseren van die voorwaarden en niet op het idee komt je eigen oordeel erop los te laten.

Hier volgt een praktisch voorbeeld van handelingen die verricht worden op de automatische piloot. Als ik 's morgens naar mijn werk ga, zijn er bepaalde dingen die ik absoluut gedaan moet hebben: mijn tanden gepoetst, mijn haar gekamd, mijn bed opgemaakt, mijn ontbijtspullen opgeruimd. Niet dat het niet anders zou kunnen, maar ik doe het volledig automatisch en ik heb mij eigenlijk nooit afgevraagd of dat wel nodig is. Ik kom bij wijze van spreken liever te laat dan dat ik deze taken niet verricht. Het is mijn automatische piloot die mij dat laat doen.

Hier is een wat lastiger, minder concreet voorbeeld: als ik ergens naar toe moest was ik eigenlijk altijd te laat. Dat heb ik mijn hele leven gehad totdat ik mijzelf actief heb afgevraagd wat daar eigenlijk achter zat. Daarvoor moest ik veel introspectie plegen en conclusies trekken. Toen ik eenmaal wist wat de reden van mijn gedrag was, moest ik die nog ontmantelen en wennen aan het idee om daar niet langer achteraan te lopen. Pas vanaf dat moment kon ik, heel langzaam en met vallen en opstaan, mijn gedrag veranderen.

Ook al is het geen levensbedreigende situatie, de PESI (Psycho-Emotionele Stress Insomnia) vorm van niet-slapen is een nooit aflatende zware last waaronder je je leven lang gebukt kunt gaan. De moeite die je moet doen om jezelf te herconditioneren is niet gering, maar altijd een veel betere keuze dan je leven uit te zitten op de automatische piloot. Met andere woorden, denk er niet langer over na en ga aan het werk om je leven voor jezelf terug te nemen en daarbij nog lekker te slapen ook.

Nu eens kijken naar hoe *de verinnerlijkte ouderlijke stem* een **Hindernis** kan zijn op de weg naar verandering en genezing van je slapeloosheid. Je kunt de VOS zien als een oude grammofoonplaat: hij draait steeds hetzelfde liedje.

En tot op zekere hoogte is dat ook wel geruststellend: vroeger is nog niet voorbij en je hoeft niet echt de verantwoordelijkheid te nemen om je eigen persoon te worden. Maar het is duidelijk dat je met deze instelling geen stap verder komt.

...Hier is een voorbeeld van een VOS die bij mij aan het werk was.

Van huis uit heb ik het gevoel meegekregen dat alles wat met psychologie te maken had taboe was. Vroeger was het wellicht minder gangbaar om naar een psycholoog te gaan of aan jezelf te werken. Mijn moeder had er in ieder geval geen goed woord voor over. Ik zou toch gewoon in orde moeten zijn en normaal moeten doen. Ik heb haar dan ook nooit verteld dat ik bezig was mijzelf van mijn slapeloosheid af te helpen en dat ik een boek had geschreven. Tot op de dag van vandaag voel ik mij soms ongemakkelijk als ik te lang bezig ben met mijn werk. Ook al is het mijn beroep om anderen te helpen zichzelf te vinden, ik onderken nog steeds mijn neiging mijzelf te bekritiseren als ik te lang bezig ben met mijn werk. Onbewust word ik gedreven om mij te haasten het zo snel mogelijk af te ronden. Want dan laat mijn VOS mij weten dat ik in orde ben. Die stem naast me neerleggen kost energie en geeft stress, maar het is iets wat ik nou eenmaal moet doen.

Wat vind ik er eigenlijk zelf van? Eigenlijk sta ik helemaal niet achter mijn eigen denkwijze op zo'n moment. Ik kan zo lang doorwerken als ik zelf wil. Die onrust op de achtergrond moet ik leren terug te voeren op waar hij vandaan komt, en dan naast me neerleggen. Inzicht krijgen in je eigen persoon is een van de beste manieren om bij te dragen aan het vinden van de oplossing voor je slaapprobleem.

Je VOS is verantwoordelijk voor je negatieve zelfbeeld. Zo heb ik zelf eigenlijk mijn hele leven gedacht dat ik een egoïstisch persoon was. Dat mijn niet-slapen een overtrokken probleem was, iets waar ik aandacht mee probeerde te trekken. Ik had het bovendien aan mezelf te wijten, zoals alles wat me niet lukte. Had ik me maar normaler moeten gedragen. Had ik maar gewoon vrolijk gedaan en was ik maar niet altijd met problemen gekomen.

Dacht je dat ik zo over mijzelf gedacht zou hebben als ik echt mijn eigen hoofd had gebruikt en met mijn eigen ogen naar mijzelf had gekeken? Die VOS hield, tezamen met mijn afhankelijkheid van goedkeuring, de strijd gaande om alles beter te doen. De angst dat niet voor elkaar te krijgen en een lege huls te zijn hield mijn slapeloosheid in stand. Of was het de Natuur met haar sabotage van het vals zelf-gevoel? Of misschien allebei?

Toen ik eenmaal leerde om met mijn eigen ogen naar mezelf te kijken, vroeg ik me af: 'Hoe heb ik nou toch zo voetstoots kunnen aannemen dat ik was wat mijn ouders van me vonden?' Ik kwam zelf tot heel andere conclusies die veel positiever waren. Daarvoor zag ik dat gewoon niet, zozeer was ik gefocust op de boodschappen van die VOS dat ik volledig voorbij was gegaan aan het feit dat ik mijn eigen oordeel kon vellen.

Ziedaar een voorbeeld van hoe die VOS kan doorwerken in je leven. Deze voor jezelf nadelige gewoonte moet onderschept worden, anders blijft het gehoor geven aan die stem het enige doel in je leven. En dat betekent dat je je eigen leven 'misloopt'.

Soms zegt die VOS: 'Het is goed gegaan... je hebt het gered... je hebt aan de norm kunnen voldoen...' Dan komt onmiddellijk de sabotage van je vals zelf-gevoel om de hoek kijken, en die zorgt op de een of andere manier voor een afbraak van dat succesje. Tenslotte gaat het hier nog steeds om leven vanuit de verkeerde motivatie... vanuit ongezonde motivatie. Bij mij manifesteerde zich die sabotage steevast als een oogmigraine.

Als ik 's morgens wakker werd en ik had eens een keertje echt lekker geslapen, dan was mijn eerste reactie altijd: 'Ik heb het gered.' Ik voelde als het ware het schouderklopje van mijn VOS. Maar nu weet ik ook dat zo'n stemmetje misleidend is en je onmiddellijk op het verkeerde pad zet: het pad terug naar het scoren.

Om uit de problemen te blijven moest ik die stem in mijzelf zien tegen te houden. Alleen tegenhouden, dat gaat niet, want dan ben je er nog meer mee bezig dan goed voor je is. Uit ervaring leerde ik dat het beter was om positief bezig te zijn en mijn eigen aanwezigheid te bevestigen door middel van de reddende affirmaties: 'Ik ben al en ik hoef mij niet goed te voelen over mijzelf. Ik hoef mij niet goed te voelen over mijzelf en ook niet slecht. Gewoon doorvoelen dat ik al besta en dat ik daarom niets hoef te bewijzen. Ik voel mijn lichaam... mijn ogen... mijn oren etc.

De VOS kun je zien als het tegenovergestelde van zelf-sabotage: De VOS zet je aan tot oneigenlijk leven. Zelf-sabotage zet je aan je leven terug te nemen. Niet-slapen is, zo hebben we eerder geconstateerd, een manier van de Natuur om je te attenderen op het feit dat je niet echt met je eigen leven bezig bent. Je kunt dus stellen dat niet-slapen je aanzet je eigen leven terug te nemen. De VOS doodt je eigen stem en maakt je onmondig. Niet-slapen is bedoeld om je je eigen stem te laten herontdekken. Je VOS houdt je in de tang en maakt je angstig dat je alsnog niet in staat zult zijn te bewijzen dat je wel degelijk de moeite waard bent. In een extreem geval beheerst de VOS jouw lichaam en heeft jou zelf, je eigen wezen, je eigen spirit, in de kast opgesloten. Niet-slapen is een redmiddel dat de Natuur je schenkt om die kast open te trappen en trots naar voren te stappen: 'Ik heb niets te bewijzen! Niet aan mijn ouders, niet aan andere mensen en niet aan mijzelf!' Ik ben wie ik ben en ik heb het recht om mijzelf te zijn. Daarvoor hoef ik niets bijzonders te doen of te laten!'

Zowel je VOS als je automatische piloot krijgen alleen een kans als je niet zelf het stuur over jezelf in handen neemt.

Ik wil je hier dan ook wakker schudden. Ook al heb je niet geslapen, toch moet ik je wakker schudden. Ik moet een indringende wekker af laten gaan, want het is waarschijnlijk dat je in een diepe slaap leeft. En hier bedoel ik met slaap dat je op je automatische piloot vertrouwt en jezelf niet je eigen, oorspronkelijke, persoonlijke input geeft. Je bent in deze situatie als het ware persoonlijk 'afwezig in je eigen leven'. Gedurende de jaren dat ik niet sliep was ik niet aanwezig in mijn eigen ik en, net als jij waarschijnlijk, was ik me van die situatie totaal niet bewust.

Die persoonlijke afwezigheid ten opzichte van je eigen leven heeft alles te maken met je *verinnerlijkte ouderlijke stem*. Weliswaar treedt die op bij de meeste mensen die intensief contact hebben gehad met hun ouders of opvoeders, maar des te sterker als er tijdens je opvoeding een ongezonde relatie met je ouders is ontstaan waarin je nog steeds afhankelijk bent van hun goedkeuring.

Om je eigen leven voor jezelf op te eisen nodig ik je uit om nu eens echt met je eigen ogen naar jezelf te kijken. Vraag je dan af wat je zelf van jezelf vindt. Wees er op bedacht dat je VOS deel is van je automatische piloot en zich zeker aan je zal opdringen. Als je je hiervan bewust bent geworden kun je die VOS eindelijk negeren of hem het zwijgen opleggen.
Probeer echt je eigen oordeel te vellen, ongeacht wat je vroeger altijd meteen geantwoord zou hebben. Wat zou dan de uitkomst zijn? Die kan je nog wel eens in positieve zin verbazen.

Als je deze erfenis uit je verleden hebt meegekregen, zul jij je eigen VOS moeten leren onderkennen, en jezelf afleren om op je automatische piloot te reageren. Dit is allemaal deel van het herconditioneringsproces dat we in hoofdstuk 3 hebben beschreven.

Slapeloosheid wordt mede veroorzaakt en in stand gehouden door deze sluwe verinnerlijkte stem van je ouders. Dat lijkt een tegenstrijdige zaak maar is het juist niet. Beschouw het luisteren naar je VOS als een ziekte – slapeloosheid is de remedie tegen de ziekte. Houd je de ziekte in stand dan blijf je ook de remedie nodig hebben. De remedie is niet lekker, dat ben ik met je eens. Maar wil je ervan af, dan moet de ziekte stoppen!

Wat volgt is een lijstje van de fases waar je doorheen moet om je van je VOS en je automatische piloot te bevrijden. Tezamen met het opheffen van je verborgen doel en het herstellen van je zelf-gevoel heb je de pijlers te pakken voor het jezelf genezen van je slaapprobleem.

1. Inzien dat je het probleem hebt dat je je niet in je bestaan bevestigd voelt door je ouders.

2. Inzien dat je in je vroege jeugd strategieën hebt ontwikkeld om toch te krijgen wat je nodig hebt: goedkeuring als vervanging voor echte aandacht, waardering en liefde.

3. Inzien dat je, in plaats van een gezond gevoel VAN jezelf te hebben, doorkneed bent geworden in wat je moet doen om het vervangende goede gevoel OVER jezelf te krijgen.

4. Inzien dat je afhankelijk bent geworden van het 'performen' van activiteiten en gedrag gericht op het krijgen van goedkeuring.

5. Begrijpen dat niet-slapen voortkomt uit de angst dat je die performance niet voor elkaar krijgt en dus zonder vals zelf-gevoel komt te zitten (lege huls).

6. Je herinneren wat de details zijn van het gedrag van je ouders/ verzorgers dat je heeft aangezet om je zo te gedragen en die opnieuw evalueren.

7. Jouw verborgen doel herkennen en erkennen.

8. Jouw verborgen doel vervangen door je eigen doel te worden.

9. Terugval herkennen.

10. Opstaan en doorgaan na terugval.

Na fase 8 zul je in staat zijn een duidelijke verandering toe te passen en meer nachten hebben waarop je beter slaapt. Maar helaas, je hebt al een lange geschiedenis van gedrag dat gericht is op het verkrijgen van goedkeuring. Terugval is onvermijdelijk. De automatische piloot is verschrikkelijk sterk en geholpen door de VOS neemt hij maar wat graag de controle over jou terug. Herinner je je nog die verwilderde tuin waar je een pad in moest aanleggen? Dat is ook hier van toepassing.

Terugval betekent dat je, routinematig, je oude gedrag weer opneemt. Door de omstandigheden waarin je bent opgegroeid ben je misleid, je werd een expert in het uitvinden van wat je ouders van je wilden, maar was niet in de gelegenheid je zelf-bewustzijn tot ontwikkeling te brengen. Nu *weet* je wel dat jij je eigen doel moet worden, maar je *mist* vaak het moment waarop je per ongeluk weer op het oude pad loopt. Je automatische piloot heeft je weer overgenomen en je bent weer aan het reageren op wat de VOS je vertelt. Dit is absoluut een factor die het herconditioneren van jezelf moeilijker maakt. Maar het hoort er gewoon bij.

Als je bent teruggevallen weet je gewoon niet goed meer hoe het allemaal in elkaar zit, en zie je je VOS aan voor je eigen gedachten. Het gebeurt regelmatig dat je weer niet met je eigen hoofd denkt, maar terugvalt op de versleten plaat van je ouders' boodschap uit het verleden.

Dat terugvallen gebeurt gemakkelijker 's nachts want als het donker is, is alles in dit herconditioneringsproces veel moeilijker. Ik heb de ervaring dat het oneindig veel lastiger is om je je nieuwe voornemens zelfs maar te herinneren s' nachts, en speciaal als je al even geslapen hebt. Dan heb je even alles los gelaten en dat betekent dat je computer (je hoofd, je herinneringen) als het ware al je nieuwe programmapunten heeft uitgewist. Je oude gedrag neemt het acuut over. Alleen door ze opnieuw uit te vinden kun je nu verder of je moet slim zijn en je bevindingen meteen inspreken op je telefoon zodat je ze terug kunt vinden als je ze nodig hebt.

Ook als je niet alléén slaapt is het moeilijker vast te houden aan je nieuwe programma. Als je naast je partner ligt is het lastiger om jezelf te monitoren en ook niet altijd wenselijk natuurlijk. Je zou de dingen ook eens los moeten kunnen laten, denk je dan.

Dat lijkt een gerechtvaardigde behoefte maar helaas! Als je je nieuwe programma even niet blijft voeden door bijvoorbeeld te slapen of er niet aan denken omdat andere zaken je aandacht vragen, is het onvermijdelijk gevolg daarvan: terugval. Je valt terug op je automatische piloot en je VOS neemt je over. Daarom is het heel goed om op elk moment precies te weten wat er in jezelf aan het gebeuren is. Dan gaat het langzamerhand beter. Er zit niets anders op dan tevreden te zijn als je elke dag een klein stapje verder komt in het trouw blijven aan jezelf en daarmee aan het oplossen van je slaapprobleem.

Slaap is iets dat je alleen ten deel valt als je gezond gemotiveerd bent, als je niet afhankelijk bent van wat je doet om te weten dat je bestaat. Als je weet dat jij *jij* bent en dat je het recht hebt en de plicht om je eigen opinie te vormen over jezelf, en de wereld om je heen te bekijken met je eigen ogen. Slaap komt vanzelf als je niet volkomen op de automatische piloot leeft en als je je VOS niet de eerste viool laat spelen in je leven maar hem de plaats geeft die hem toekomt: het verleden.

Mantra

Mijn activiteiten
zijn niet bedoeld
om mij de erkenning te geven die ik altijd heb gemist.
Ik hoef me niet
te bewijzen met wat ik doe of laat.
Herinner je je mijn droom over de ugly bird?
Doe jij nu ook wat je doet op nachtegaal niveau...
be real... doe het omdat het nodig is
of omdat je er iemand mee kunt helpen
of gewoon omdat het plezierig is.

Heb je een gezond zelf-gevoel, dan heb je je VOS goeddeels vervangen door wat je zelf denkt. Je kunt gewoon jezelf zijn en er is geen reden om wakker te liggen. Je weet wie je bent en wat je waard bent. Je bent absoluut niet afhankelijk van resultaten of van andere personen om te voelen dat je meetelt. En daarom heb je ook geen slaapproblemen, tenzij er echt iets aan de hand is.

Als ik niet in slaap val ga ik niet urenlang liggen wachten tot dat wel gebeurt. Nee, dan sta ik op en pak mijn recordertje of mijn telefoon. Niet om op Facebook te gaan of om e-mail te checken. Dat zeker niet! Je moet wennen aan goede gewoontes en niet aan slechte. Ik gebruik mijn telefoon om mezelf en mijn motivaties onder de loep te nemen door mijn gevoelens en gedachten van het moment vast te leggen. Of misschien om een uitlaat te vinden voor mijn opgekropte emoties die ik van mezelf niet mocht uiten.

Als ik midden in de nacht wakker word en ik besluit dat ik wil blijven liggen, dan neem ik een voor mij belangrijke conclusie in mijn hoofd en doe net alsof dat een meditatie is, een mantra. Op die manier versterk ik in mijzelf, in mijn hersenen, de herconditionering waar ik baat bij heb.

Je kunt dingen zeggen als: 'Het geeft niet als ik niet slaap, want mijn bestaan is niet afhankelijk van wat ik morgen doe. Oké, ik zal wel niet op mijn best zijn, maar dat is de prijs die ik betaal voor het genezen van mijn verkeerde levensdoel.

Ik moet nu verifiëren of ik, met wat ik aan het doen ben, wel echt gericht ben op mijn eigen leven of dat ik het doe om goedkeuring te verdienen.

> *Ik besta al, dus ik ben niet afhankelijk*
> *van mijn prestaties.*
> *Ik besta al, dus ik ben niet afhankelijk*
> *van wat hij of zij van mij vindt.*

Dat soort dingen moeten op de lange duur een verschil gaan maken in je zelfbeleving. Zij moeten helpen om jouw zelf-gevoel te herstellen. En met een **Hersteld Zelf-Gevoel** is er veel minder, of misschien wel helemaal geen reden meer om niet te slapen.

Als je veel te vroeg wakker bent, vraag je dan af wat er in 's hemelsnaam zo belangrijk voor je is de volgende dag, dat je erdoor uit je slaap wordt gehouden. En als je dan die reden hebt gevonden, vraag je dan met klem af *waarom* dat zo belangrijk is. Wees hierover heel eerlijk tegenover jezelf. Is het om de inhoud van de activiteit of heb je daar een verborgen doel mee? Wil je iemand behagen? Wil je geen afkeuring krijgen? Zou dat je een gevoel kunnen geven dat je een lege huls bent? Wil je dat gevoel misschien met alle geweld vermijden? Ben je bang dat je geen substituut voor je ontbrekende zelf-gevoel kunt produceren?

Zeg dan nu tegen jezelf: 'Niet nodig! *Ik ben al.* Ik heb al een zelf. Ik moet alleen een gevoel ervoor ontwikkelen. Ik moet alleen mijn zelf-*gevoel* herstellen. Er is dus geen reden meer voor mij om niet te slapen, want ik hoef me niet druk te maken over het verkrijgen van goede resultaten en daarmee een goedgevoel. Een slecht gevoel is net zo veel waard, net zo gewoon in het leven als een goedgevoel. Goed en slecht wisselen elkaar immers af net als regen en zonneschijn. Als je het een hebt gehad kun je het ander verwachten. Of iets goed of slecht verloopt hoeft niet te bepalen hoe je over jezelf moet voelen of hoe een ander over jou zou moeten voelen.

Je kunt rustig van mij aannemen dat je je altijd goed over jezelf zou moeten voelen. Je bent nota bene het enige wat je hebt. Je hebt maar één leven. Waarom zou je je daar niet goed over voelen?

Als je 's middags, of later op de dag, even bij wilt slapen en je schrikt wakker met een bonkend hart, vraag je dan af waarvoor je zo bang bent. En als je ook maar een heel klein beetje weet waarom dat is, ga daar dan dieper op in. Blijf vragen *waarom*. '*Waarom* vind ik het zo erg als ik mijn huis niet op kan ruimen voordat het bezoek komt? Oh, omdat mijn moeder het verschrikkelijk vindt als ik mijn huis niet opruim. Zij kijkt mij dan altijd zeer afkeurend aan. En ik wil haar juist zo graag behagen. *Waarom* vind ik het zo verschrikkelijk als ik dit examen niet heb gehaald? Omdat mijn vader mij dan niet uit kan staan en ik wil juist zo graag dat hij mij ziet zitten!

Dit soort motivaties zijn niet openlijk maar liggen volledig bedekt onder de deken van ons onderbewustzijn. Niettemin hebben zij ontzettend veel invloed op dagelijkse beslissingen. Zij kunnen zo belangrijk voor je zijn dat ze je leven bepalen zonder dat je je daar bewust van bent. Je VOS en je automatische piloot liggen steeds in de aanslag om je leven over te nemen. Het is zaak om dat niet te laten gebeuren.

Probeer eens goed bij jezelf naar binnen te kijken. Doe introspectie, bevraag je automatische piloot en geef jezelf de kans om je eigen leven te leiden. Als je jezelf goed kent, kun je anderen ook veel beter inschatten. (Zelf)kennis is macht!

In dit hoofdstuk heb je kennisgemaakt met je VOS en je automatische piloot, die hun invloed verliezen als je je zelf-gevoel herstelt en je je eigen doel wordt. Terugval is iets dat je op de koop toe moet nemen, aangezien de macht der gewoonte een sterke factor is die tegen je werkt als je eenmaal verkeerde gewoontes hebt aangeleerd. Maar door herconditionering en vastbesloten, consequent gedrag kun je het van hem winnen. In het volgende hoofdstuk word je gewaarschuwd voor een verkeerde motivatie bij het oplossen van je slaapprobleem. Ook leer je onderkennen dat een slaapprobleem meer is dan verward of moe zijn; het heeft zijn weerslag op veel van je dagelijkse bezigheden.

Doelstelling: de zelf-gevoel oplossing op jezelf toepassen

Zorg ervoor dat je motivatie gezond is

Vind je de gedachte dat je wellicht van je slaapprobleem af zou kunnen komen ook zo opwindend? Krijg je er bijna kriebels van in je buik? Kijk dan goed uit, want motivatie is niet altijd wat het lijkt en de drang om te scoren vanuit een verkeerde motivatie kan er nog steeds in verstopt liggen.

In dit hoofdstuk vind je een aantal voorbeelden uit mijn eigen leven die illustreren hoe een slaapprobleem je leven kan beïnvloeden. Probeer je eens voor te stellen hoe de beschreven situatie zou verlopen als ik een gezond zelf-gevoel had gehad. Misschien kun je een paar voorbeelden van jezelf opschrijven waarvan de afloop heel anders was geweest als je wel geslapen had omdat je gewoon een gezond zelf-gevoel had. Ik hoop dat die voorbeelden je motiveren om je zelf-gevoel te herstellen zodat de toekomst er ook voor jou rooskleuriger uitziet.

De gevolgen van gebrek aan slaap voor je algehele gezondheid zijn wellicht minder heftig dan het voor je gevoel lijkt, zo is mijn ervaring. Maar de vele berichten op internet over hoe slecht het voor je is zijn afschrikwekkend genoeg. Hoe goed bedoeld ook, deze berichten kunnen juist angst oproepen en daardoor bewerkstelligen dat slapen nog lastiger wordt. Worden deze berichten misschien gegenereerd door mensen die geen idee hebben wat slapeloosheid betekent? Of wordt het slaapprobleem zelfs geëxploiteerd: je wordt bang gemaakt zodat je bepaalde dingen gaat aanschaffen? Het is zaak voor ieder mens om goed bij de les te blijven!

In de voorgaande hoofdstukken heb je al een goed idee gekregen waar de oplossing kan liggen voor je moeilijkheden met slapen. Mijn uitgangspunt daarbij is de Zelf-Gevoel Methode, die ik heb ontworpen om over mijn eigen slaapprobleem heen te komen. Het mag dan geen academisch gefundeerde benadering zijn, maar als het mij helpt zou het jou ook kunnen helpen. Laten wij er samen voor zorgen dat jij de last van dit onderschatte probleem kunt afwerpen.

Om over je slaapprobleem heen te komen moet je de Zelf-Gevoel Methode bestuderen en op jezelf toepassen. Voor mij is het overduidelijk dat er een link bestaat tussen niet-slapen en een gebrek aan zelf-gevoel en daarmee tussen niet-slapen en een fundamenteel verkeerde motivatie bij de dingen die je doet of wilt. Ik wil daarom nogmaals duidelijk stellen dat de oplossing voor je slaapprobleem ligt in het herstellen van je zelf-gevoel. In de voorgaande hoofdstukken heb je kunnen afleiden wat dat inhoudt en hoe je dat kunt doen. Meer informatie kun je vinden in mijn *Wees Jezelf – Cursus* online.

Niet slapen is, zoals we allemaal weten, niet alleen een probleem waar je alleen 's nachts mee te maken hebt. Overdag beïnvloedt het niet alleen de manier waarop je je leven leidt, maar de slechte slaper wordt er ook voortdurend aan herinnerd. Ik doel hier nu niet alleen op het gemakkelijk te begrijpen gebrek aan energie en het slopende gevoel van vermoeidheid. Je slaapprobleem en de eigenlijke aanleiding ervoor, een gebrek aan zelf-gevoel, manifesteren zich ook op andere manieren.

Hier zijn een paar voorbeelden die illustreren hoe niet-slapen je levenskwaliteit verslechtert. Daarnaast geef ik aan hoe je er verandering in zou kunnen brengen als je, in plaats van je erbij neer te leggen, actief aan het werk gaat om je niet-slaapraadsel op te lossen.

Hoe beïnvloedt een slaapprobleem bijvoorbeeld je seksuele relaties? Als je nooit weet of je wel in slaap komt, heb je vaak een heel ritueel waar je je angstvallig aan vasthoudt, want er staat voor je gevoel veel op het spel. Doordat je niet genoeg slaapt heb je minder energie en dat komt je libido waarschijnlijk niet ten goede. Je aandacht voor lichamelijk contact is mogelijk vervangen door bezorgdheid omtrent je slapen. En dat vaak niet alleen bij jezelf maar ook bij je partner. Het is immers ook in het belang van je partner dat jij een beetje aan slapen toekomt. Ook hij/zij probeert er waarschijnlijk voor te zorgen om op de minst storende manier in bed te belanden.

Als je niet goed geslapen hebt, dan is het meestal ook niet zo dat je midden in de nacht of 's morgens vroeg denkt, 'Ha, laten we eens fijn vrijen'. Nee, want je bent misschien chagrijnig en boos. Vaak is het toch al te laat als je eindelijk wakker wordt. Je hebt weer eens door je wekker heen geslapen of je hebt de wekker wat later gezet omdat je om vijf uur nog niet sliep. Dus ja, seks kan nogal eens in de verdrukking komen.

Met een gezond zelf-gevoel hoef je er niet over in te zitten of je slaapt of niet. Je sláápt gewoon, omdat je leven niet gedomineerd wordt door afhankelijkheden. Je voelt op een heel diep niveau aan dat je bestaat als jezelf en dat niets in de wereld je dat gevoel kan afnemen.

En dan alle goede raad van mensen om je heen. Je volgt diëten en schrapt bepaalde producten van je dagelijks menu omdat ze je zouden hinderen bij het in slaap vallen. Al die dingen die juist zo lekker zijn, zoals bijvoorbeeld knoflook, pepers, koffie of rode wijn. Iedereen weet ook zo goed wat er allemaal wel en niet moet. 'Vooral goed relaxen', is het advies, 'maar niet vergeten je wel fysiek in te spannen hoor! Anders ben je toch zeker niet echt moe!' Tegen de klippen op luister je naar meditatie of slaapmuziek. Daar is op zichzelf helemaal niks mis mee, als het niet zo gedreven was door het hele probleem van niet-slapen.

Meditatie en yoga zijn prima technieken om innerlijke rust te vinden, wat je slaap ten goede kan komen. Het is belangrijk om erbij stil te staan dat je dit doet omdat je het prettig vindt. Het kan namelijk ook voorkomen dat al die pogingen om in slaap te komen in dienst staan van je verborgen doel, zonder dat je je daarvan bewust bent natuurlijk. Is dat niet ironisch?

Ons verborgen doel en alles wat daarmee te maken heeft is in eerste instantie de reden waarom we niet slapen. Vervolgens wil je met alle geweld slapen om je verborgen doel alsnog te realiseren. Zie je de knoop die hierdoor in je leven ontstaan is? Je probeert over je slaapprobleem heen te komen om wat dat probleem veroorzaakt (je verborgen doel) beter voor elkaar te krijgen. Wat zou moeten gebeuren is juist het tegenovergestelde: je moet datgene wat je slaapprobleem veroorzaakt (je verborgen doel) juist loslaten, elimineren en afstoten. Reden te meer om zoveel zelfonderzoek te doen dat je inzicht krijgt in *wat precies het verborgen doel is waar je achteraanloopt*.

Mijn ultieme doel was dat ik wilde bewijzen dat ik wel degelijk de moeite waard was en goed genoeg om erbij te horen. Nagenoeg alles wat ik deed stond in dienst van dit doel: een uitstekend musicus zijn, de moeder zijn die ik zelf niet had gehad, en veel minder ruzie hebben met mijn kinderen.

Al deze soms heel nobele doelen hadden echter een onderliggende motivatie waarvan ik mij niet bewust was, absoluut niet. Diep verborgen vanuit mijn onderbewuste was er een voor al deze doelen *een 'scoor'-motivatie* actief: Ik wilde ermee scoren om laten zien wie ik was. Ik deed het niet echt voor mijn kinderen, ik deed het niet echt om een betere sfeer in mijn gezin te hebben, nee, ik deed het om te laten zien hoe goed ik was, hoezeer ik de moeite waard was. Zelfs bij het schrijven van dit boek heb ik nauwlettend mijn motivatie in de gaten moeten houden. Ik moest dat doen om mensen van hun slaapprobleem af te helpen en om geen andere reden.

Misschien is het nuttig om je eigen doelen eens onder de loep te nemen. Je hebt waarschijnlijk heus wel goede ideeën om zin mee aan je leven te geven. Er zal ook wel niets mis zijn met wat je wilt realiseren. Je moet het alleen om de juiste reden doen. Je moet zorgen dat je niet afhankelijk bent van het resultaat van wat je bereikt met deze zaken om je goed over jezelf te voelen. Niet op dat niveau tenminste. Het is prima om tevreden te zijn over wat je doet, of een beetje teleurgesteld als het niet lukt. Maar realiseer je vooral dat het al dan niet in iets slagen niet bepaalt of je er al dan niet mag zijn.

Angstig zijn en niet weten waarom, is iets waar vrij veel mensen last van hebben (anxiety). In de geneeskunde heeft men nog geen eenduidige diepere oorzaak gevonden voor deze angstige rusteloosheid, die vaak samengaat met depressie en slapeloosheid. De oorzaak zou in veel gevallen wel eens kunnen zijn: gebrek aan zelf-gevoel en afhankelijkheid van een goed-gevoel-over-jezelf dat functioneert als je vals zelf-gevoel.

Vage angst wordt het genoemd, maar angst waarvoor? Aangezien je je niet bewust bent van die drang tot scoren, kun je niet weten dat je eigenlijk altijd bang bent dat het scoren niet lukt of dat je er niet voor in de gelegenheid zult komen. Voor iemand met een gebrek aan zelf-gevoel is het immers een bloedserieuze zaak om zijn/haar vals zelf-gevoel te krijgen door middel van wat hij/zij doet of hoe hij/zij zich gedraagt. En alle omstandigheden die je in je dagelijks leven tegenkomt worden er onmiddellijk op getest of ze vóór of tegen dat ultieme, verborgen doel werken. Of ze je gaan helpen of hinderen bij het bereiken van je goede gevoel.

Ik wil hier ook wel even aangeven dat er zeker mensen zijn met een gezond zelf-gevoel die ook een duidelijk omlijnd doel hebben in hun leven. Het verschil met mensen zonder zelf-gevoel is dat dit doel echt gericht is op de inhoud; het is gezond gemotiveerd. En daarom hebben deze mensen veel minder last van slapeloosheid, depressie, of rusteloosheid, tenzij daar een directe aanleiding voor is. Daarom hebben ze veel meer kans om te slagen in hun missie.

Zorg dat je een gezond zelf-gevoel opbouwt. Je hoeft dan nooit meer aan al die voorwaarden te voldoen die je nu zo in hun greep houden. Je kiest zelf wat je belangrijk vindt en hoe je je leven wilt inrichten. Realiseer je dat je niets hoeft te bewijzen, zelfs niet aan jezelf. Wat zou er dan nog een oorzaak voor slapeloosheid kunnen zijn?

Net als veel andere moeders wilde ik me heel graag verheugen op de verjaardagen van mijn dochters. Ik kocht ballonnen, een feesttaart, cadeautjes, en samen maakten we de uitnodigingen voor de buurtkinderen om te komen spelen. Maar op de dag zelf had ik nooit geslapen. De onderliggende stress was te groot. Ik realiseerde me niet dat ik bezig was met een goedgevoel over mijzelf te creëren (een vals zelf-gevoel). Zonder dat ik me ervan bewust was had ik mijzelf de opdracht gegeven om mijzelf en wellicht anderen te laten zien dat ik alles tot in de puntjes onder controle had. Ik moest de perfecte moeder en gastvrouw zijn en het zelf ook nog allemaal gezellig vinden. Kortom, ik moest van mijzelf op de perfecte manier zo'n verjaardag doorkomen om aan het eind van de dag te kunnen zeggen: 'Ik heb het gered. Ik heb een goedgevoel over mijzelf gescoord.' Een typisch geval van verkeerde motivatie voor de verjaardag van je dochter. Maar het is niet dat ik daar bewust voor koos! De dingen zó te moeten beleven is een gevolg van je afhankelijkheid van de resultaten van je acties en van andermans opinie over jou.

Bedroefd om mijn gebrek aan energie en de onmogelijkheid om vrolijk te zijn sleepte ik mij dan uit bed. In plaats van mijn aandacht volledig te kunnen geven aan mijn jarige kind en zelf te genieten van het feestje ging het grootste gedeelte weer naar mezelf en hoe me te gedragen zodat het leek of ik echt vrolijk was. Ik wist toen niet dat vrolijk zijn een van de opdrachten was die ik mijzelf had opgelegd om te bewijzen dat ik wel de moeite waard was. 'Je hebt altijd wat. Je bent nooit eens gewoon vrolijk. Je bent nooit eens normaal', was mij al te vaak verweten door de persoon wiens goedkeuring ik zo hard nodig had.

Naderhand heb ik inderdaad kunnen zien hoe zo'n kinderfeestje weliswaar voor een deel gezond gemotiveerd was maar blijkbaar voor een deel niet. Daar was ik blijkbaar toch weer bezig met scoren.

Het was immers bij uitstek een gelegenheid om te laten zien dat ik wel normaal kon zijn en ook vrolijk. Als me dat zou lukken zou ik aan het eind van de dag een goedgevoel hebben over mezelf, zodat ik het zozeer begeerde vals zelf-gevoel had.

Zo is het leven niet bedoeld. Je moet de dingen echt doen om de juiste reden. Pas dan ben je echt met je leven bezig. Anders ben je alleen maar bezig met het naleven van aan jezelf opgelegde voorwaarden, die je het idee moeten geven dat je een echt persoon bent. Als je beter wilt slapen is het van het grootste belang dat je je scoordrang onderkent. Je moet leren zien waarom je doet wat je doet, en als dat niet om de juiste reden is moet je dieper graven. Pas als je je verborgen doel zelf ziet kun je het vervangen door je eigen doel. Dan is er geen reden meer om slecht te slapen.

Vaak kwam het voor dat ik in een enthousiaste opwelling afspraken maakte met mensen voor een bezoekje of om samen iets te doen. Dat leek op zo'n moment volledig gezond gemotiveerd. Als de dag aangebroken was waarop dat zou gebeuren, had ik een vreselijke nacht achter de rug waarin ik heel weinig of totaal niet had geslapen. Ik zag het samenkomen met andere mensen dan helemaal niet meer zitten. Al mijn enthousiasme was dan de bodem in geslagen. Ik moest mij dan met pijn en moeite door een dag slepen die juist zo leuk had moeten zijn. Overal en op alles wat ik deed zat die scoordrang, maar ik was me er niet van bewust.

Ook al was de afspraak gezond gemotiveerd, blijkbaar had mijn oude gewoonte om te scoren met wat ik deed weer terrein teruggewonnen. Zonder dat ik mij daarvan bewust was, werd mijn plan in dienst gesteld van het krijgen van een goedgevoel. Dit klinkt misschien wat vergezocht, maar het was duidelijk een patroon tijdens de jaren dat ik mijzelf aan het herconditioneren was. De nieuwe gewoonte om de dingen echt voor mijzelf te doen werd toen nog snel overschreven en mijn oude overlevingsstrategie nam het dan weer over. Dit kun jij dus ook gaan ervaren. Net wanneer je denkt dat je de boel goed hebt opgelost, slaap je niet. Je zult het niet geloven misschien, maar zelfs dat idee zelf, dat je het opgelost hebt, kan aanleiding zijn om niet te slapen als je oude systeem om te scoren er bezit van neemt.

Toen ik later bezoekjes bracht aan mijn bejaarde moeder en bij haar bleef logeren, sliep ik bijna nooit. Ik deed dan vaak net alsof ik wel had geslapen. Daar trapte zij echter niet in; het voelde dan net alsof mijn vermoeide gezicht haar persoonlijk beledigde. Haar blik liet mij bij zo'n gelegenheid altijd duidelijk haar verwijt voelen. 'Wat doe je me toch aan met al die problemen van je', was de boodschap die ik maar al te goed kende. Maar goed, ik leerde ermee omgaan en na zo'n nacht haastte ik me altijd vroeg uit bed om als een haas de tafel te dekken, om maar aan te geven dat er niks aan de hand was. Maar het was één groot toneelstuk.

Als 's ochtends vroeg de werkster moest komen, dan was ze zo streng tegen me als een generaal en ik was toch echt geen puber meer. De werkster was bij ons thuis heilig. Dan moest je stipt om 8 uur naast je bed staan en je kamer opgeruimd hebben, want anders had je het weer helemaal verbruid. Voor mij was dat een wekelijks recept om de nacht tevoren geen oog dicht te doen natuurlijk.

Als je afhankelijk bent van iemands goedkeuring om je goed over jezelf te voelen en alles wat we daarover besproken hebben, dan is het niet zo verwonderlijk dat er stress ontstaat rondom je gedrag. Het leven zelf gooit al vaak roet in het eten: net als je wilt dat iets goed verloopt gebeurt er iets waardoor het anders afloopt. Voeg daar nog eens sabotage van je vals zelf-gevoel aan toe, dan kun je ongeveer inschatten wat voor kleine drama's er de hele dag door kunnen optreden. Als je niet wilt dat je wakker ligt omdat je leven een groot toneelstuk is, moet je de moed hebben om de waarheid onder ogen te zien wat betreft de tekortkomingen van je familieleden of andere nabije relaties. Als jij geen goedkeuring van hen krijgt is het niet noodzakelijkerwijse jouw schuld; ouders zijn ook maar mensen en de kans dat ze zelf ook van een goed-gevoel-over-zichzelf afhankelijk zijn is absoluut aanwezig, met alle bekende gevolgen van dien.

Een van mijn eerste *Moederdagen* speelde zich af op een heel romantisch plekje, een boerderij in het zuiden van Portugal die we gehuurd hadden. Als de dag van gisteren zie ik nog voor me hoe ik van mijn beide dochtertjes een Moederdagpresentje kreeg: een kopje en een bordje van typisch Portugees aardewerk. Het staat me vooral ook goed bij dat ik me schuldig voelde dat ik weer niet had geslapen. Ik voelde me op zulke momenten zo slecht over mijzelf dat ik moeite had om bij mijn gevoelens te komen. Ik zocht dan mijn toevlucht in net te doen alsof ik er heel blij mee was. Het gevoel om niet oprecht te kunnen zijn is, naast het niet-slapen, eigenlijk één van de grootste pijnpunten geweest van het verslaafd zijn aan een vals zelf-gevoel. Ik heb moeten leren wat voor impact de dingen in werkelijkheid op me hebben en dat ik daarop gewoon vanuit mijn echte zelf kan reageren.

Als je niet slaapt en je hebt het gevoel dat je niet echt bij je eigen emoties kunt komen, neem dan de stap om uit te zoeken wat het allerbelangrijkste is in je leven: het voldoen aan je voorwaarden, óf de dingen die er om je heen gebeuren. Als dit het voldoen aan je voorwaarden is, mag je wel aannemen dat dat de reden is van je slapeloosheid. Ook jij kunt daar vanaf komen als je je zelf-gevoel herstelt en daarmee de noodzaak elimineert om een vals zelf-gevoel te verdienen. Dan is je slaapprobleem ook voorbij!

Hier is een techniek die je kunt gebruiken om gemakkelijker inzicht te krijgen in de aard van je motivatie. Stel je eens voor dat alles wat direct gemotiveerd is in je leven een groene kleur heeft. Alles wat indirect gemotiveerd is, is rood. Het is een abstracte oefening en als je het antwoord niet zeker weet kun je je intuïtie* erop loslaten.

---

* Het is heel waardevol om aandacht te besteden aan je intuïtie, want die weet vaak meer dan jij zelf. Bij verkeerde motivatie echter, heb je helaas geen toegang tot je intuïtie, wat op zichzelf al veelzeggend is.

Zo gauw je in de gaten hebt dat een motivatie rood gekleurd[**] is moet je hem verwerpen en verder zoeken naar een groene. Hoe meer groene motivaties je vindt in je hoofd, des te beter slaap je!

Slapeloosheid heeft ontzettend veel impact op je leven en ook op het leven van anderen, zelfs van onbekenden. Want als jij met een slaperig hoofd in de auto zit, weet niemand dat. En als jouw reactievermogen vertraagd is omdat je een stoffig brein hebt, is de kans op ongelukken groter. Maar dat niet alleen. Ook de kans op kleinere ongelukken en ziektes is groter, want je weerstand is lager en bij alles wat je doet is je spierspanning te hoog. In mijn geval bijvoorbeeld, waar ik als muzikant veel moest repeteren waarbij steeds dezelfde spieren worden gebruikt, is er duidelijk een verhoogde kans op narigheid door overbelaste spieren.

Reden te meer om de koe bij de horens te vatten en er iets aan te doen, vind je niet? En met dit boekje heb je inzicht kunnen krijgen in wat de reden voor je slaapprobleem zou kunnen zijn.

Waarom is het toch zo moeilijk om zicht te krijgen op de oplossing van een slaapprobleem? Omdat de concrete aanleiding voor niet of slecht slapen er voor iedereen anders uitziet. Het grote plaatje is echter hetzelfde! Onder die overkoepelende paraplu van slapeloosheid bevindt zich een grote verscheidenheid aan individuele aanleidingen.

Omgevings- en persoonlijkheidsfactoren spelen voor elk individu op een heel eigen wijze hun rol binnen het kader van een slaapprobleem. Deze persoonlijke omstandigheden en individuele karaktereigenschappen zijn, als het ware, het **Voertuig** van het overkoepelende probleem dat ten grondslag ligt aan het niet-slapen: een gebrek aan zelf-gevoel. Je handelt met een verborgen doel voor

---

[**] Het komt ook heel vaak voor dat de aard van je motivatie gemengd is. Er zitten dan twee kleuren aan je uiteindelijke motivatie om iets te doen of juist te laten. Soms ook begin je iets echt vanuit een gezonde motivatie, maar dan loopt er toch een rood randje mee aan de onderkant.

ogen, en daarmee leid je niet je eigen leven, in de zin van dat jouw leven door jou wordt ingevuld naar je eigen wensen en belangen. Nee, je blijft de slaaf van het voldoen aan je voorwaarden.

Misschien spreekt het zoeken van een oplossing voor je slaapprobleem je beter aan wanneer je het ziet als *sabotage van je vals zelf-gevoel*. Als therapeutische techniek is het wat eenvoudiger te hanteren. Als je niet slaapt dan stel je gewoon: *'Oh, dan sta ik zeker onbewust in de startblokken om morgen ergens mee te willen scoren. Laat mij eens onderzoeken wat dat zou kunnen zijn.'* Daarna stuur je die verkeerde motivatie bij, door je bewust te worden *dat je al bent* en dat je nergens mee hoeft te scoren: 'Ik ben al… ik voel mijn lichaam… ik sta op mijn voeten en voel mijn benen en mijn tenen etc.'

Soms ook slaap je niet wanneer je al een goed-gevoel-over-jezelf hebt. Dan wil je scoorsysteem alles op alles zetten om dat gevoel vast te houden. Het liefst zou je, als je onder de betovering bent van het bereiken van je verborgen doel, dat goede gevoel meenemen naar de volgende dag… Dat zit er niet in natuurlijk, want alleen al door het feit dat je niet slaapt verlies je het. Hier zie je weer dat niet-slapen functioneert als middel om je vals zelf-gevoel te saboteren! De Natuur probeert er een stokje voor te steken dat je niet je eigen leven leidt door je een probleem te geven: niet slapen. Je kunt eenvoudigweg niet meer scoren en bent gedwongen om naar jezelf te kijken en te ontdekken dat je een gebrek aan zelf-gevoel hebt en dat je dat moet herstellen.

Er is bijna geen arts die de tijd kan nemen om al deze zaken samen met jou uit te zoeken, ook al zou hij/zij nog zo graag willen. Het kost heel veel tijd en dat zou immers veel te kostbaar zijn. Om van je slaapprobleem af te komen is het wenselijk dat je je eigen dokter wordt. Met de Zelf-Gevoel Methode in je zak kun je dat zeker aan.

In dit hoofdstuk heb je een beeld gekregen van hoe je dagelijks leven beïnvloed kan worden door een slaapprobleem. Ook zag je dat je bij het oplossen ervan moet begrijpen dat er vele facetten zijn die je eerst moet onderzoeken. Alleen als je weet dat je die oplossing zoekt om je eigen levenskwaliteit te verbeteren is je reden om dit aan te pakken gezond, en kun je er succes mee boeken. In het laatste hoofdstuk word je nogmaals aangemoedigd de verworven kennis op een rijtje te zetten en op jezelf toe te passen. Aan de hand van een aantal voorbeelden kun je zien hoe je levenskwaliteit enorm verbetert met een gezond zelf-gevoel en een gezonde slaap!

Jij kan het niet helpen
Antoinetta Vogels

Als je acuut weer in de startblokken gaat staan om het
met alle geweld voor elkaar te krijgen
dat je het deze keer beter zult doen
en die goedkeuring zult oogsten,
zodat je een goed-gevoel over jezelf kunt hebben,
ook al gaat het ten koste van jezelf!

Van je eigen leven!

Als je blijft proberen om je relatie te laten werken,
je huwelijk, je baan.

Om je deze keer beter te gedragen
of je gedrag te veranderen…

Jij kan het niet helpen

Dat je erover inzit dat het je wel weer niet zal lukken;
Je gooit immers altijd je eigen glazen in.

Jij kan het niet helpen

Want het zit ingebakken in je systeem, in je brein.
Je hebt immers geleerd dat jouw leven niet om jou draait maar om het leven van
degene die je heeft opgevoed.

Die persoon betekende alles voor je, zij was voor
jou je wereld en je God.

Hoe zou je, als jong kind, ooit aan haar hebben
kunnen twijfelen?

Het moet dan ook wel door jezelf komen
dat je het niet voor elkaar krijgt.

Daarom ook wil je haar nog steeds laten zien
Dat ze een verkeerd idee over je heeft

En dat je wel degelijk haar aandacht waard bent.

Je wilt nog steeds dat ze je erkent voor wie je bent.

Je bent nog steeds bang dat het allemaal aan jou ligt dat het niet werkt.

Je hoopt nog steeds dat, op een dag,
je moeder, je vader, je oom of je leraar,
die persoon die zo belangrijk voor je was en misschien nog is,
naar je toe komt en de woorden spreekt
die je leven totaal zullen veranderen:

Lieve schat,

Het spijt me zo verschrikkelijk.

Het spijt me dat ik je leven verruïneerd heb.

Ik had achter je moeten gaan staan als je gepest werd,

Ik had je moeten verdedigen in plaats van meesmuilend in te stemmen met die
onderwijzers die kritiek op je hadden

Ik had er voor je moeten zijn en je hand moeten vasthouden terwijl je opgroeide
en ik had me moeten realiseren dat jij het allermooiste kadootje bent dat ik ooit
gekregen heb.
Ik had je lieve persoonlijkheid naar waarde moeten schatten, en niet moeten
proberen je om te vormen
naar mijn eigen idee.

Het spijt mij heel erg dat ik je kwaad heb gedaan.

Kun je mij vergeven?

Je kunt er gerust op zijn- alles is anders nu:
Ik zie je nu en ik hou van je met heel mijn hart.

Jij betekent alles voor mij!

Maar helaas! Dat zit er waarschijnlijk niet echt in.

*Zij zijn niet bij machte het van jouw kant te bekijken
dus kunnen ze dit ook niet tegen je zeggen.*

Zij zien alleen zichzelf.

*Dus het heeft geen enkele zin om te proberen
het voor elkaar te krijgen.*

Het is tijd om jezelf hier en nu te beloven:

Stop er mee!

Stop met proberen het toch voor elkaar te krijgen.

Ten koste van jezelf.

Want jij kunt het niet helpen.

De fout ligt bij hen!

Mijn slapeloosheid
is nu verleden tijd

Nu mag ik *zelf* invulling geven
aan mijn leven

Je doel verwezenlijken: beter slapen! Daar gaat het hier om. Je bent nu aangekomen in het laatste hoofdstuk, en dus zou je er zicht op moeten hebben hoe je dat voor elkaar krijgt.

Als je er werkelijk toe wilt overgaan om dit proces in beweging te zetten, is het van groot belang om van tevoren te weten hoe je dit gaat doen. Aan deze vraag zitten namelijk twee aspecten:

- Hoe ga je te werk bij het elimineren van je eerdere doel en zorg je ervoor niet in een vacuüm te belanden?
- Wat betekent het om je eigen doel te worden?

Wat het antwoord op de eerste vraag betreft is het goed om te weten dat het vervangen van je verborgen doel een geleidelijk proces is. Je groeit er naar toe, dat wil zeggen, als je er inderdaad actief aan werkt. Voor meer informatie is het gewenst om je in te lezen in de Zelf-Gevoel Theorie die uitgebreider beschreven wordt in *het Gezond Zelf-Gevoel boek*.

Er zijn een paar punten die je al onmiddellijk kunnen helpen: Word je bewuster van je lichaam met behulp van de eerder beschreven oefeningen. Leer te denken met je eigen hoofd en te zien met je eigen ogen, zoals in Hoofdstuk 2 beschreven wordt. Kortom, honoreer je eigen lichamelijkheid en alle andere facetten die bij 'zelf' horen: je emoties, je geestesgesteldheid, de tijd waarin je leeft, je leeftijd, je functie in de maatschappij... Ze zijn *echt*, en ze zijn net zoveel waard als die van andere mensen en voor jezelf nog veel meer!

Wat vraag twee betreft kan ik je uit ervaring zeggen dat het vervangen van je verborgen doel door zelf je eigen doel te worden alleszins de moeite waard is. Hier wordt het echt leuk. Nu moet je serieus besluiten wat je eigen smaak, voorkeuren, opinies en wensen zijn, want je hebt nu de kans om ze te uiten en te realiseren. Is dat niet het allerbeste wat je kan gebeuren? Het heeft geen zin om je leven uit te zitten op de automatische piloot. En zeker niet met al die bijkomende ziekteverschijnselen, al die psychische – en emotionele problemen. Waarom zou je niet *jezelf* als doel willen nemen? Je hebt immers maar één leven en zo zorg je dat het van jou is!

Verder zijn er nog een paar andere punten om goed te onthouden bij het opruimen van je slaapprobleem door middel van het herstellen van je zelf-gevoel:

* Houd goed in de gaten op welk doel je je richt. Zorg dat je motivatie gezond is! (zie Hoofdstuk 9).

* Wees voorbereid op de mogelijkheid dat je er, in eerste instantie, wat depressieve gevoelens van kunt krijgen (zie Hoofdstuk 6).

* Vanwege je VOS en je automatische piloot is terugval in je oude gedrag onvermijdelijk (zie Hoofdstuk 8).

Je bent nu goed geïnformeerd, maar je zult ongetwijfeld situaties tegenkomen die niet in dit boek beschreven staan. Ieder mens is anders; ieders omstandigheden zijn anders; de cultuur waarin je leeft bepaalt veel van je (oude) gedrag; de tijd waarin je leeft heeft grote invloed op alles wat je denkt en doet. Laat je daardoor niet ontmoedigen. Een ding blijft nagenoeg* hetzelfde: het gaat erom dat jouw leven van jou is en dat jij rustig kunt slapen.

Wat nu volgt zijn een paar voorbeelden die illustreren hoe je leven kan veranderen als je ervoor kiest om jezelf voorop te stellen.

Stel je eens voor: je vriendin komt bij je binnen, lichtelijk overstuur omdat ze haar telefoon kwijt is. 'Ik weet me geen raad', zegt ze met een snik in haar stem. Als je bezig bent met je verborgen doel, dan denk je: 'Oei, nee hè, ik heb nu geen tijd. Ik wou net iets anders doen.' Je voelt je in paniek raken want je was net bezig om iets te doen wat je een goedgevoel zou moeten opleveren. Maar je wilt ook geen afkeuring krijgen van je vriendin. Let op: de situatie waarin je vriendin verkeert is niet eens binnen je gezichtsveld. Je hoort haar wel maar je bent niet echt met haar bezig. Je hebt geen aandacht voor andere mensen; er staat (*onbewust!*) te veel op het spel: je vals zelf-gevoel! Je probeert eronderuit te komen om haar te helpen zoeken. Maar stel je eens voor wat een goede vriendin je zou kunnen zijn als je dat geduld wél zou kunnen opbrengen.

Beeld je eens in dat je twee kleine kinderen hebt. Hoe lief ze ook zijn, ze maken je het leven niet altijd gemakkelijk. Je zou denken dat je, omdat je ervoor gekozen hebt om kinderen te krijgen, wel tijd en ruimte zou maken om aandacht aan hen te besteden. De (ingebeelde) noodzaak om continu je vals zelf-gevoel te moeten verdienen kan daar roet in het eten gooien, zoals je onderhand wel begrepen zult hebben.

Als je geen verborgen doel hebt en je eigen leven je enige doel is, dan passen je kinderen daar prima in. Dan ben je ook in staat om je op hun wel en wee te concentreren en er echt voor hen te

---

* Er zijn culturen waar het familie/collectief belang boven het persoonlijk belang gaat. Als het herstellen van je zelf-gevoel in tegenspraak is met de filosofie van de cultuur waarin je leeft dan is deze oplossing niet geschikt. Hoewel ik denk dat het binnen de groep ook belangrijk is dat je je van je eigen *zelf* bewust bent en dat je daardoor een betere teamspeler wordt.

zijn, wat automatisch tot gevolg heeft dat je je kinderen aflevert met een gezond zelf-gevoel. Dat is een revolutie in de wereld als geheel! Dus als jij jezelf kunt helpen aan een gezond zelf-gevoel, dan ben je eigenlijk bezig om de wereld mooier te maken. Want je levert een generatie mensen af die bevrijd zijn van het probleem dat jij had, en dat geldt dan ook voor hún kinderen.

Zo lijkt het oplossen van dit probleem van slapeloosheid iets waarmee je een bijzondere bijdrage kunt leveren aan de wereld zelf. Het helpt je je bewust te worden van een manier van leven waarmee je, uit onwetendheid, de plank volledig mis zou blijven slaan. Leven om een vals zelf-gevoel in stand te houden leidt tot intolerantie en zelfs tot geweld. Omdat dit wordt ervaren als een zaak van leven en dood raken mensen verblind en zijn dan in staat tot totale vernietiging of zelfvernietiging. Het is, mijns inziens, een belangrijke reden voor veel huiselijk geweld en andere vormen van mishandeling. Hoe jij je voelt en gedraagt werkt door in de rest van de wereld; het oplossen van je slaapprobleem heeft een enorme positieve uitwerking op je omgeving.

Je persoonlijk geluk staat op het spel. Zijn er niet legio mensen, en misschien ben jij er één van, die denken: 'Ik ben het niet waard om liefde te krijgen'. En als je luistert naar je verinnerlijkte ouderlijke stem gedraag je je daar misschien ook naar. Als je er zelf niet in gelooft zal die liefde je nooit ten deel vallen. Je bent ook niet in staat om liefde te geven, zozeer ben je geabsorbeerd door je verborgen doel. Je voelt het allemaal ook niet echt, want je emotionele leven is totaal verpletterd onder de last van de taken die je moet vervullen om je enigszins goed over jezelf te voelen.

Als je je zelf-gevoel weet te herstellen, ben je niet meer afhankelijk van al die voorwaarden voor je vals zelf-gevoel. Je innerlijke stress is weg en dat maakt je veel geduldiger om naar mensen te luisteren en dingen voor ze te doen. Sterker nog, je ziet de ander voor wie hij of zij is. Die ander is niet langer een middel dat je wel of niet kunt gebruiken om een goed-gevoel-over-jezelf te halen. Het gekke is dat je dan vanzelf meer in die ander geïnteresseerd raakt en dat heeft absoluut een wisselwerking: mensen zijn dan op hun beurt ook weer meer in jou geïnteresseerd.

Denk ook eens aan je gezondheid. Denk aan de stress waaronder je voortdurend gebukt gaat bij het voldoen aan al die voorwaarden om een goed-gevoel-over-jezelf te krijgen. De daarmee gepaard gaande angst en slapeloosheid kunnen je weerstand verlagen en zo je gezondheid ondermijnen. Als er even een griepje rondwaart loop je hem gemakkelijker op. Met een gezond zelf-gevoel heb je meer energie om al die bacteriën en virussen buiten de deur te houden.

Gaat het minder goed in je relatie of in je huwelijk, dan scherm je niet onmiddellijk met echtscheiding. Want je weet, je hield van elkaar en misschien doe je dat nog wel. Maar er is een en ander tussen gekomen in de loop van jullie leven. Met een gezond zelf-gevoel heb je het geduld en de ontvankelijkheid om je open te stellen voor de problematiek van de ander, om de zaken te bespreken en wellicht tot een goede oplossing te brengen.

Je zou je kunnen voorstellen hoe je in zo'n situatie in een poel van ellende terecht zou kunnen komen als je daarbij ook nog eens niet slapen kunt. Want dan reageer je helemaal niet zoals je eigenlijk zou willen. De kans is groot dat je je alleen aan het rechtvaardigen bent, uit angst voor het verlies van je goedgevoel. Als de ander kritiek levert sla je van je af. Het leed is niet te overzien. Met een gezond zelf-gevoel hoef je geen slaapprobleem te hebben, tenminste geen chronisch slaapprobleem. Bovendien kun je de stress en problematiek in je leven, die je ongetwijfeld tegenkomt, veel beter aan.

Als je wat meer op leeftijd bent en al met pensioen bent, is de kans om nog een bevredigend leven te hebben veel groter als je een gezond zelf-gevoel hebt. Uit de maatschappij stappen is iets wat sommigen van ons vrijwillig en met genoegen doen, maar voor anderen is het helemaal niet eenvoudig. Het is in alle gevallen beter als je niet afhankelijk bent van je maatschappelijke positie voor je (kunstmatig) zelf-gevoel. Dat maakt het veel gemakkelijker om je 'gouden jaren' een positieve ervaring te laten zijn, alleen al omdat je gezondheid beter is en je beter slaapt.

Echt goed slapen doe je omdat jouw lichaam nou eenmaal die slaap nodig heeft en omdat je geest beter functioneert in een uitgerust lichaam. Je doet het niet om te kunnen scoren! Als je niet afhankelijk bent van prestaties of andermans goedkeuring en je doet de dingen omdat je ze zelf wilt, heb je geen problemen met zelf-sabotage. Met alles wat je onderneemt vanuit een gezonde motivatie heb je meer kans van slagen. Bovendien straalt de energie die je dan drijft iets anders uit, ook al kunnen wij dat niet zien. Je zult zien dat andere mensen dat ook aanvoelen. Dus je krijgt een ander soort vrienden. Mensen die beter op je eigen persoonlijkheid zijn afgestemd.

Als je echt jezelf kunt zijn slaap je gewoon zoals de natuur dat heeft bedoeld. Je hebt ook veel minder behoefte aan drugs of alcohol. Die worden immers vaak gebruikt om je te helpen slapen, maar ook om te maskeren dat je niet lekker in je vel zit. Maar als je een gezond zelf-gevoel hebt zit je wél lekker in je vel en heb je dat allemaal niet nodig.

In de loop van dit boek heb je kunnen zien dat het herstellen van je zelf-gevoel dé manier is om je slaapprobleem op te lossen. Je hebt kennis kunnen nemen van een flink aantal punten die daarbij van belang zijn. Als je meer wilt weten over hoe je jezelf in een conditie kunt krijgen waarin je slapen geen probleem meer is, sla dan het boek, *Gezond Zelf-Gevoel, dé methode om het beste uit jezelf te halen* er eens op na. Onze website http://www.gezondzelfgevoel.nl geeft je nog meer handvatten die je kunnen helpen bij dit proces. Je kunt daar bijvoorbeeld onze Wees Jezelf online cursus vinden die je kan helpen zijn bij het toepassen van je opgedane kennis.

Met een gezond of hersteld zelf-gevoel slaap je! Je wordt rustiger waardoor de interactie met je familie heel anders verloopt. Je omgeving lijkt vrediger en andere mensen lijken vriendelijker. Op zichzelf al reden genoeg om je slaapprobleem te interpreteren als een teken dat er iets in je zit dat bijgestuurd moet worden.

Verder zijn er nog vele andere positieve bijverschijnselen. Minder problemen met geld bijvoorbeeld, omdat het verlangen om je verborgen doel te bereiken veel geld kan kosten. *Iets kopen* geeft ook dat gewenste goede gevoel, toch? Als je minder problemen hebt met geld, slaap je ook weer beter. Alles komt samen in die vicieuze cirkel waarvan je de werking in één klap ongedaan kunt maken door je verborgen doel te vervangen en je eigen doel te worden.

Ben je creatief bezig, in je werk of je hobby? Dan betekent vanuit een gezond zelf-gevoel werken dé stap omhoog die je nodig hebt. Niet alleen omdat je beter slaapt maar ook omdat je dan tot werkelijke zelfexpressie komt. Als je niet bezig bent met schilderen om het schilderen zelf ben je gedoemd om gefrustreerd te blijven in je activiteit. Ben je acteur en lukt het je maar niet om op een hoger niveau te komen met je expressie, kijk dan eens in de Zelf-Gevoel Methode. Sta je op het podium als acteur, doe je dat dan omdat je het heerlijk vindt jezelf tijdelijk om te vormen tot een personage uit het stuk dat je opvoert? Doe je omdat je het prettig vindt om samen aan iets te werken met andere acteurs of om de glorie? Vraag je af of je jezelf in dienst stelt van wat je doet, in plaats van dat je wat je doet in dienst stelt van jezelf. Dat is een heel ander verhaal... Daar begint zich het verschil in gezonde en ongezonde instelling duidelijker te laten zien. Niet langer je denken, doen en gedrag in dienst blijven stellen van je vals zelf-gevoel, om te kunnen scoren en een goedgevoel te krijgen, en daarmee het gevoel te hebben dat je een mens bent die meetelt.

Maak je zelf muziek, zing je in een koor? Moet je vaak presentaties geven op je werk? Wil je graag dat je collega's of je gezin naar je luisteren? Vraag je je vaak af hoe het komt dat je niet over die drempel heen komt en niet naar hartelust en vrijelijk kunt zingen of spelen? Waarom er niemand naar je luistert? Dan moet je je afvragen of je de dingen doet om de juiste reden. Wees bloedeerlijk tegen jezelf. Misschien is de conclusie die je dan moet trekken wel een vervelende, maar is het toch niet beter om het te weten als je een verborgen doel achterna jaagt? Want als je jezelf voor de gek blijft houden blijf je met je kop tegen de muur aanlopen. Dan blijf je je te pletter oefenen, maar beter worden doet het niet en jij slaapt er alleen maar slechter door.

En ten slotte kun je je misschien ook wel voorstellen dat iemand in een leidinggevende functie of met een eigen zaak meer geduld heeft met collega's of klanten wanneer hij of zij een gezond zelf-gevoel heeft. Dat je dan beter focust op wat er nodig is, minder afhankelijk bent van goedkeuring en daarom beter in staat je eigen weg te gaan en aan te geven. Dat je je mensen fair behandelt en kunt inschatten waar hun problemen zouden kunnen zitten wanneer ze een gebrek aan zelf-gevoel hebben. Kortom, als zakenman of -vrouw ben je veel succesvoller als je een hersteld of gezond zelf-gevoel hebt.

In het algemeen kun je dus zeggen dat je als je je zelf-gevoel weet te herstellen, meer zelfvertrouwen hebt en beter slaapt. Mede doordat je een betere nachtrust hebt is je levenskwaliteit hoger. Je ziet anderen voor wie ze zijn, hebt een betere verstandhouding met hen en ook met jezelf. Doordat je vitaler bent kun je volop actief genieten van het samenzijn met anderen, als dat is wat je ambieert. Omdat je beter slaapt is je geest scherper en kun je je intellectuele werk op een hoger niveau brengen en je productiviteit verhogen. Er is minder verzuim op het werk om redenen die nu wel duidelijk zijn. Je accepteert jezelf beter en neemt het leven zoals het is, want je bent vrij te doen en te laten wat je zelf wilt. Je kunt beter omgaan met kritiek. Kortom, je zit lekkerder in je vel.

Al die voordelen kun jij ook ervaren, als je je slaapprobleem kunt zien als een geschenk van de Natuur die je vals zelf-gevoel saboteren wil. Dat probleem dient ertoe om je van je verborgen doel af te helpen. Probeer het te zien als een zegen en begin meteen met het herstellen van je zelf-gevoel: leg nu je motivatie onder een vergrootglas. Waarom doe je wat je doet? Waarom wil je wat je wilt? Wat is je uiteindelijke doelstelling in jouw leven? En als het nodig is, breng daar dan verandering in.

Ga meteen aan de slag, want nu wordt het pas interessant! Wie ben je eigenlijk echt zelf? Wat vind je leuk; wat vind je belangrijk in het leven? Waarvoor zou je je, behalve voor jezelf, willen inspannen?

Ik wens je veel succes.

Epiloog

Nu is de tijd gekomen dat je de ideeën van de Zelf-Gevoel Methode moet evalueren en kijken of je er werkelijk baat bij kunt hebben. Je weet nu dat je je slaapprobleem kunt oplossen door je te bevrijden van een last die op je schouders terecht is gekomen zonder dat je je daarvan bewust was. Je hebt zelf weliswaar hard meegeholpen aan de opbouw van die last, maar steeds als reactie op een heel normale behoefte: om te voelen dat je echt leefde. Omdat je dacht dat je, door aan al die voorwaarden te voldoen, dichter in de buurt van dat gevoel kon komen. Het waren conclusies uit de tijd dat je nog kind was en je je niet geaccepteerd voelde zoals je was. 'Als ik me zus of zo gedraag krijg ik goedkeuring. Dan voel ik me beter.' En de rest van je leven ben je dan bezig om steeds beter te leren inschatten hoe anderen in elkaar zitten, zodat je ze beter kunt behagen.

Dat je leven later zo complex zou worden dat je er doodeenvoudig niet aan toe kunt komen om al die voorwaarden tot in de perfectie uit te voeren, dat kon je toen niet weten. Laat staan dat je erdoor wakker zou gaan liggen omdat je niet echt in contact staat met je (eigen) zelf.

Nu is het moment gekomen om de moed op te brengen je af te wenden van het doel dat je zo lang in de ban heeft gehouden, en dit nieuwe levensprincipe in te passen in de realiteit van je eigen leven. Van nu af aan denk je aan jezelf als een mens die dezelfde rechten heeft als ieder ander. Een van die rechten is zelf-besturing. Je hebt het recht om je eigen baas te zijn en je leven in te richten zoals jij wilt.

Toen ik pas naar Amerika was verhuisd had ik eindelijk een grote tuin met daarin, tot mijn genoegen, heel veel tomatenplanten. Bak na bak vol *grote* rode tomaten nam ik mee naar binnen. Het weer bleef daar altijd heel lang zacht, maar eind november viel er plotseling ijzige sneeuw en dat ging gepaard met strenge nachtvorst. Getroffen door de aanblik van een groot aantal groene tomaten die daar nog onder de sneeuw bedolven lagen, kreeg ik er medelijden mee. Die arme tomaten hingen nog te rijpen, dacht ik, maar ze zouden nooit zo mooi rood worden. Ze zouden verwelken of bevriezen voordat ze tot wasdom gekomen zouden zijn. Dat beeld heeft mij flink aan het denken gezet. Ik vond eigenlijk dat het op ons mensen van toepassing zou kunnen zijn. Speciaal op ieder mens die erge last heeft van slapeloosheid. Jij kunt het niet helpen dat je bent opgegroeid in een omgeving die ongunstig is voor de ontwikkeling van je zelf-gevoel. Maar je hebt wel de mogelijkheid om er iets aan te doen. Ik zou je willen aanmoedigen om jezelf je eigen leven te gunnen voordat het te laat is.

En ten slotte hoop ik dat ik jou daadwerkelijk iets heb aangereikt waardoor je kwaliteit van leven met sprongen vooruit gaat. Ik weet als geen ander wat het betekent om jaar in jaar uit zonder hoop het slachtoffer te zijn van slapeloosheid. Ik heb mij er niet bij neergelegd en ik hoop dat jij dat ook niet doet. Ik zou het juist anders moeten zeggen: Ik hoop dat je je daar binnen niet al te lange tijd juist lekker bij neer kan gaan leggen.

Ga nu actief met jezelf aan het werk om inzicht te krijgen in wat er aan de hand is. Want slapen is, net als eten, een natuurlijk proces, en als dat proces wordt gehinderd, dan is daar een reden voor. Die reden moet je zelf zien te vinden.

Overzicht van de verschillende soorten slapeloosheid

Hier volgt een kort overzicht van de verschillende soorten slapeloosheid. De gegevens zijn gebaseerd op publicaties van de National Sleep Foundation, Stanford Health Care en Health Line (voor meer informatie kun je online terecht, zie*).

Het vermelde PESI type valt hier niet onder, aangezien dat specifiek is voor de Zelf-Gevoel Methode. (zie voor meer informatie blz. 139).

---

* 1) National Sleep Foundation:
   https://www.sleepfoundation.org

2) Stanford Health Care:
   https://stanfordhealthcare.org/medical-conditions/sleep/insomnia/types.html

3) Health Line:
   https://www.healthline.com/health/insomnia

Anhangsel 1
Soorten slapeloosheid

Definitie:

Mensen met slapeloosheid vinden het moeilijk om in slaap te vallen, in slaap te blijven of beide.

Medische diagnose:

De diagnose wordt alleen door een arts gesteld als de criteria van hieronder beide van toepassing zijn

Slaapproblemen treden minimaal 3 nachten per week gedurende minimaal 3 maanden op

Slaapproblemen veroorzaken grote of functionele problemen in iemands leven

Types:

Er zijn 2 hoofdcategorieën van slapeloosheid (volgens de National Sleep Foundation):

1. Acute of primaire slapeloosheid, (aanpassings- slapeloosheid):

Een korte episode waarin je moeite hebt met slapen

Korte termijn:
* duur tot maximaal 3 maanden

Meestal veroorzaakt door een stressvolle of traumatische gebeurtenis in je leven
* niet veroorzaakt door/direct geassocieerd met een andere gezondheidstoestand

Algemene oorzaken:

* een stressvolle verandering in iemands baan
* het ontvangen van slecht nieuws
* verstoorde routine (door reizen of anderszins) in het slaap-patroon
* dood van een geliefde

Deze vorm wordt vaak opgelost zonder enige behandeling; dat wil zeggen dat hij moet eindigen wanneer de bron van stress is weggenomen of wanneer iemand zich heeft weten aan te passen aan de stress.

De ervaren stress is niet altijd het gevolg van een negatieve stressor; het kan iets opwindends zijn of gewoon een grote verandering.

Behandeling: vanzelf laten afnemen of lage dosis medicatie toedienen.

2. **Chronische of secundaire slapeloosheid**, (comorbide slapeloosheid):

Een langdurig patroon van slaapproblemen.

Lange termijn
* Als je moeite hebt om in slaap te vallen of minimaal drie nach-ten per week gewoon dóór te slapen, gedurende een periode van drie maanden of langer

Meestal veroorzaakt door een specifieke gezondheidstoestand of levensstijl

Algemene oorzaken:
* Geestelijke gezondheidsproblemen/psychiatrische stoornissen
  ○ Angst
  ○ Depressie
  ○ Drugsmisbruik

* Medische problemen/fysieke omstandigheden
  ○ Cardiopulmonale ziekte
  ○ Pijnlijke musculoskeletale aandoeningen
  ○ Gastro-intestinale aandoening
  ○ Chronisch nierfalen
  ○ Neurologische ziekte
  ○ Astma
* Medicijnen, cafeïne, nicotine, alcohol, enz

Behandeling: wordt meestal direct behandeld speciaal om de primaire aandoening te verbeteren en terugval te voorkomen.

3. Idiopathische slapeloosheid

Een levenslange slaapstoornis die begint tijdens de kindertijd en doorloopt tot in de volwassenheid.

Geen andere verklaarbare oorzaken; de ware oorzaak van de aandoening blijft onduidelijk.

* Het is geen resultaat van één van de volgende verschijnselen:
  ○ Stressvolle evenementen
  ○ Andere slaapstoornissen
  ○ Medische problemen
  ○ Psychische stoornissen
  ○ Medicatie gebruik
  ○ Ander gedrag

Dit type slapeloosheid kan het gevolg zijn van een onbalans in het lichaam, zoals een subactief slaapsysteem en/of een overactief ontwakingssysteem.

Andere nuttige definities:

Onsetslapeloosheid

Moeilijk in slaap vallen aan het begin van de nacht

Onderhoudsslapeloosheid

Het onvermogen om in slaap te blijven

Mensen met onderhoudsslapeloosheid worden 's nachts wakker en kunnen moeilijk weer in slaap vallen.

Anhangsel 2
Uitleg Psycho-Emotionele Stress Insomnia

Gebaseerd op mijn eigen ervaring met het oplossen van mijn chronische slaapprobleem heb ik een speciale categorie slaapproblemen aangemaakt om duidelijker te kunnen aangeven voor welk type insomnia (slapeloosheid) mijn oplossing is bedoeld. Of dit wel of geen deel uitmaakt van het op blz. 129 beschreven overzicht van de verschillende soorten slaapstoornissen is iets wat aan de wetenschap is om te bepalen. Hieronder vind je een uitleg van wat er met Psycho-Emotionele Stress Insomnia wordt bedoeld.

Het PESI-type insomnia wordt veroorzaakt door de psychologische stress die leven met een gebrek aan zelf-gevoel met zich meebrengt. Er ontwikkelt zich een afhankelijkheid van goedkeuring die een goed-gevoel-over-jezelf moet opleveren, wat dient als een plaatsvervangend (kunstmatig) zelf-gevoel. Het verdienen van dit vals zelf-gevoel wordt vervolgens je levensdoel.

Door de daaruit voortvloeiende afhankelijkheid van goedkeuring voel je je alsof je leven afhangt van het voldoen aan bepaalde voorwaarden. Deze zijn meestal zelfopgelegd, maar gebaseerd op de wens van je ouders/verzorgers om het hun mogelijk te maken aan hun *eigen* voorwaarden te voldoen. De stress die dit veroorzaakt, in combinatie met de afwezigheid van een gezond zelf-gevoel als virtuele ruggensteun, kan ernstige slapeloosheid veroorzaken.

De feitelijke gebeurtenissen door middel waarvan deze afhankelijkheid van goedkeuring zich manifesteert, verschillen per individu. Deze gebeurtenissen hangen samen met persoonlijke omstandigheden: de omgeving waarin iemand is opgevoed, de aard en de voorkeuren van de ouders, en de reactie van elk individu op die omstandigheden.

Deze oneindige verscheidenheid aan oorzaken kan ertoe hebben bijgedragen dat de stressoren tot nu toe niet zijn erkend als symptomen van een gebrek aan zelf-gevoel. De verslaving aan een vals zelf-gevoel kan worden gezien als de overkoepelende oorzaak van dit bepaalde type stress. Het groeperen onder deze paraplu van de vele stressoren die ook het PESI-type insomnia teweegbrengen, werpt tevens een licht op de genezing ervan: het herstellen van je zelf-gevoel. Het jezelf bevrijden van de afhankelijkheid van goedkeuring biedt een leven lang vredige, ontspannende nachtrust.

Uitleg van het begrip
'sabotage van je vals zelf-gevoel'

Voor het oplossen van je slaapprobleem is het belangrijk dat je je een goed begrip vormt van wat er met deze term precies wordt bedoeld. Ter verduidelijking vind je hier een korte definitie en een langere omschrijving.

Korte definitie:

Het opzettelijk (maar onbewust) saboteren van het goed-gevoel-over-jezelf dat je bij gebrek aan een gezond zelf-gevoel gebruikt als een vals zelf-gevoel. Een natuurlijk proces dat helpt om je vals zelf-gevoel te vernietigen zodat je echte zelf de kans heeft om te verschijnen.

Omschrijving:

Alvorens in detail te gaan over wat sabotage van je vals zelf-gevoel is en wat het doet, kijken we eerst even naar de officiële definities van sabotage en zelf-sabotage.

* Sabotage betekent het opzettelijk beschadigen, vernietigen, ondermijnen, of het falen veroorzaken van iets (zodat het niet meer correct werkt of het beoogde doel niet bereikt wordt). Het is meestal gericht op het verwerven van een politiek, militair of zakelijk doel.

* Zelf-sabotage wordt in geen enkel toonaangevend woordenboek officieel gedefinieerd, maar het wordt gewoonlijk gebruikt om aan te geven dat iets wat veelbelovend leek onbewust, door het actieve of passieve toedoen van de persoon zelf, vernietigd wordt.

Waar het woord sabotage een duidelijk doel impliceert, leidt deze gangbare betekenis van zelf-sabotage tot de veronderstelling dat het een verschijnsel zou zijn dat geen enkel doel dient: er is geen voordeel aan verbonden. Het heeft geen zin om jezelf te saboteren.

Tot dusverre heeft niemand nog ingezien dat het leven van veel mensen niet is gebaseerd op hun *echte zelf*, maar op een vervanging daarvan: hun vals zelf-gevoel. De ZG-Methode stelt dat het woordje *zelf* in *zelf-sabotage* niet verwijst naar je echte zelf maar naar je vals (gevoel van) zelf.

Bovendien zou je je *echte zelf* nooit jouw (echte) zelf saboteren of welke actie dan ook die wordt uitgevoerd vanuit een gezonde motivatie. Inderdaad, het *HEEFT* geen enkele zin!

Kijkend door de lens van de Zelf-Gevoel Methode kun je echter wel een verband zien tussen zelf-sabotage en de toestand van een goed-gevoel-over-jezelf , die functioneert als je vals zelf-gevoel. Door het vernietigen van je vals zelf-gevoel heeft je *echte zelf* de kans om aan de oppervlakte te komen. Nu is er *wel* een voordeel, *wel* een reden voor de sabotage.

Sabotage van je vals zelf-gevoel doet zich voor wanneer je een gebrek aan zelf-gevoel hebt. Je voelt je onzichtbaar en bent bang niet gezien of gehoord te worden of als *echt persoon* mee te tellen. Dit creëert een afhankelijkheid van het voldoen aan voorwaarden om een goed-gevoel-over-jezelf te krijgen. Voldoen aan die (ingebeelde) voorwaarden voelt als een zaak van leven of dood, want falen leidt tot het (evenzo ingebeelde) gevoel dat je niet bestaat als een *echt persoon*. De toestand waarin je een goed-gevoel-over-jezelf hebt is een vervanging voor je *echte zelf*, en geeft je het gevoel het recht te hebben om te bestaan. Het 'voelt goed' maar het is tijdelijk, wat leidt tot de angst om het te verliezen. Afhankelijkheid van een vals zelf-gevoel duwt je in een oneindige maalstroom van alles doen wat je kunt bedenken om dat goedgevoel te bereiken, en maakt je de gevangene van een leven dat eigenlijk niet echt het jouwe is.

Wanneer je je leven lang deze *goedgevoel-toestand* najaagt of tracht vast te houden aan je vals zelf-gevoel, dan zul je vaak onbewust dingen doen die je vals zelf-gevoel saboteren. Deze dingen worden ervaren alsof ze *niet door jou gedaan* worden maar je gewoon overkomen. Het voelt net alsof je er het slachtoffer van bent.

Sabotage van je vals zelf-gevoel kan heel subtiel zijn wanneer het je dagelijkse activiteiten beïnvloedt. De onderbrekingen van je routines mogen soms minimaal lijken, maar ze kunnen een behoorlijk grote emotionele impact hebben omdat ze je verhinderen je goed-gevoel-over-jezelf te realiseren. Het begrip *sabotage van je vals zelf-gevoel* is gemakkelijker te begrijpen en te herkennen aan de hand van een paar voorbeelden:

* Na verscheidene pogingen heb je je vader ervan weten te overtuigen om met je te gaan kamperen, maar nu ben je ziek.

  De vraag die je hier moet stellen is: Waarom wilde je zo graag kamperen met je vader? Was dat echt omdat het zo leuk zou zijn? Of zat er nog iets anders achter? Wat?

* Eindelijk ben je aangenomen in dat dansprogramma waar je zo graag aan mee wilde doen, maar nu kun je niet meer slapen.

  De vraag hier is: Waarom wilde je zo graag bij dat dansprogramma? Was dat echt alleen om het dansen? Of zat er nog iets anders achter? Wat?

* Je hebt eindelijk meer verantwoordelijkheid op de werkvloer gekregen, maar op de een of andere manier kom je er niet meer toe om op je werk te focussen en maak je veel fouten.

  De vraag hier is: Wilde je die promotie echt zelf of deed je het om meer respect te krijgen van iemand in je omgeving?

* Eindelijk heb je het gevoel dat je partner/ouder/baas je apprecieert, maar nu doe je en zeg je steeds dingen die hem irriteren.

  De vraag is hier: Waarom wil je zo graag goedkeuring van je partner/ouder/baas?

Gedragingen of kwesties die een obstakel vormen voor het verkrijgen of behouden van dat goed-gevoel-over-jezelf, op het moment dat je het bijna voor elkaar hebt, blijken heel vaak symptomen te zijn van sabotage van je vals zelf-gevoel. Zo grijpt de natuur in om ofwel je vals zelf-gevoel te vernietigen of te voorkomen dat je het bereikt, om je aan te moedigen je (echte) zelf te zijn.

Sabotage van je vals zelf-gevoel is de manier waarop je echte zelf je laat weten dat je geleid wordt door ongezonde motivatie, wat je verhindert om een authentiek leven te leiden. Wanneer je dit soort sabotage ervaart, moet je je **Motivatie Onderzoeken** door een grondig motivatie onderzoek te doen. Graaf de redenen voor je gedrag op en vind de oorzaak die eronder ligt. Vraag dan je (echte) zelf (jezelf!) wat jij werkelijk wilt. Wat is het dat *jij echt zelf* wilt doen of laten.

Hier is de sleutel tot de waarheid: Sabotage van je vals zelf-gevoel is een natuurlijk proces. Het doel ervan is om je vals zelf-gevoel te vernietigen en je te bevrijden van de constante, pijnlijke behoefte aan een goed-gevoel-over-jezelf (=*vals zelf*-gevoel). Het geeft je de mogelijkheid om van richting te veranderen en een ander pad te volgen, de weg van je echte zelf, zodat je eindelijk je leven kan leven voor jezelf. Voor verdere uitleg zie mijn boek: *Gezond Zelf-Gevoel, de methode om het beste uit je zelf te halen.*

Woordenlijst

Deze terminologie is specifiek voor de Zelf-Gevoel Methode.
Sommige begrippen worden in het onderhavige boek gebezigd;
andere niet.

Angst voor Bestaansloosheid

Angst om niet gehoord te worden door en onzichtbaar te zijn voor anderen.

Bestaansloosheid

Een sterk gevoel over het hoofd gezien te worden, niet gezien of gehoord te worden, geen effect op je omgeving te hebben wat ervaren wordt als 'niet-bestaan'.

Directe Motivatie

Eenvoudige, eerlijke motivatie die geworteld is in het Hier en Nu.

Directe Relatie met je Zelf

Een manier om je eigen 'zijn' te ervaren waarbij je je bewust bent van je lichaam en je je Zelf ervaart zonder dat je hoeft terug te grijpen op prestaties of anderman's meningen over jou.

Echte/Authentieke Zelf / Eigenlijke Ik (EEI)

De totaliteit van lichaam, geest en emoties, die wordt ervaren op de gezondste, meest geïntegreerde manier als onafhankelijk en autonoom wezen. Handelen en bewustzijn zijn gebaseerd op leefervaring en niet besmet door ziekelijke motieven.*

* Niet zozeer bedoeld in spirituele zin, maar meer als een verwijzing naar de hele persoon die je werkelijk bent.

Ego-Referenties (EgoRefs)

Onbewust aanvaarde eisen over hoe je je moet voelen en gedragen om goedkeuring van anderen te krijgen, als vervanging van een gezonde manier om je Zelf te ervaren.

Focussen

Ontspannen bewegingen van de ogen, met de mogelijkheid om voor langere tijd in dezelfde positie te blijven. Dit wijst op een geaarde dispositie, die eigen is aan mensen met een Gezond Zelf-Gevoel.

Gebrek aan Zelf-Gevoel (GebrekZG)

Karakterisering van iemand die nooit het natuurlijke, blijvende, innerlijke bewustzijn heeft ontwikkeld een 'echt' onafhankelijk mens te zijn.

Gezond Zelf-Gevoel

Het vermogen om jezelf te ervaren en voor jezelf en in je eigen leven aanwezig te zijn, en te beseffen dat zowel je Zelf als je leven van JOU zijn en van niemand anders. Het omvat het recht om te leven en je zelf te zijn, en je innerlijke kern als je thuis te ervaren van waaruit je leeft.

'Goed-gevoel-over-jezelf' (Goedgevoel)

Een emotionele toestand (of gevoel) van betrekkelijk welzijn en geborgenheid, gebaseerd op het (op dat moment) ontbreken van de dwang om per se bepaalde resultaten te laten zien. Dit gevoel krijg je als je erin slaagt te voldoen aan de wensen van je ouder/verzorger waardoor je goedkeuring krijgt. Deze dient als een tijdelijke, ongezonde invulling van het afwezige, oprechte gevoel dat je leeft, dat je een 'echt' mens bent.

Hersteld Zelf-Gevoel (HersteldZG)

Het eindresultaat van het werken met de Gezond Zelf-Gevoel Methode, de genezing van de afhankelijkheid van een Vals Zelf-Gevoel. Je hebt een onwankelbaar bewustzijn dat je je eigen persoon bent, vrij om te leven vanuit je eigen essentie, voorkeur, capaciteiten en beperkingen. Je bent emotioneel vrij van je ouders en van elke vorm van afhankelijkheid van prestaties of goedkeuring. Wat er overblijft is een duurzaam gevoel dat je (onvoorwaardelijk) levend en 'echt' bent.

Hindernis

Elk obstakel op de weg naar een Vals Zelf-Gevoel, dat kan leiden tot woede en zelfs tot geweld, of tot het tegenovergestelde daarvan: depressie.

Indirecte Motivatie

Indirecte Motivatie is de drang om iets te doen of te vermijden, maar om een andere reden dan het lijkt. Het echte motief is om je Verborgen Agenda te verwezenlijken en uiteindelijk je Verborgen Doel, omdat het leidt naar het tijdelijk gevoel van welzijn dat functioneert als vervanging van het duurzamere gevoel een 'echte' persoon te zijn.

Indirecte Relatie met Je Zelf

Het ervaren van je 'Zelf' via je prestaties of via de (positieve) reacties van anderen, wat je interpreteert als: 'ik mag er zijn', en dat je een gevoel van veiligheid geeft dat tijdelijk is. Dit, in tegenstelling tot het gezonde, blijvende gevoel dat je in orde bent zoals je bent.

Innerlijk Conflict

Twee of meer concurrerende en onverenigbare, innerlijke opdrachten opdrachten die gericht zijn op het ervaren van een Vals Zelf-Gevoel. Dit leidt tot spanning en angst omdat deze competitie nooit een winnaar opleveren kan.

(De) Magische Formule

Een ezelsbruggetje om de kern van de Zelf-Gevoel Methode goed te kunnen onthouden: Streep eerst het beoordelende woordje 'over' door—heb geen oordeel over jezelf—maar wees gewoon jezelf en streep dan ook het woordje 'goed' door. Voel je altijd goed over jezelf; dat zou gewoon moeten zijn. Nu hou je over: voel jezelf = heb een Gezond Zelf-Gevoel!

Motivatie

Datgene wat een stimulans geeft of de drang schept om iets te doen, te laten of te vermijden. Motivatie is de motor die gedrag aandrijft.

Motivatieonderzoek

Een belangrijk instrument in de ZG-Methode dat dient om a) je Indirecte Motivatie te ontdekken en b) een lijst te maken van je Ego-Referenties en je Verborgen Agenda's en inzicht te krijgen in wat je Verborgen Doel is.

Natuurlijk Zelf-Gevoel (NatuurZG)

Het onderbewuste gevoel – dat normaal gesproken wordt ontwikkeld in je kinderjaren – dat je leeft als een 'echt', uniek individu en dat je het onvoorwaardelijke recht hebt om te zijn zoals je bent, onafhankelijk van wat anderen over je denken of zeggen.

Niveau van het 'Leven-van-alledag' ('Alledaags')

Een normale, gezonde manier waarop je reageert op gebeurtenissen of gedrag van anderen, die in verhouding is met het effect dat die gebeurtenissen op je hebben. Dit, in tegenstelling tot de manier waarop je geneigd bent te reageren alsof je leven ervan afhangt omdat je, al dan niet bewust, afhankelijk bent van een Vals Zelf-Gevoel.

Op Vals Zelf-Gevoel gericht Doel (ValsZGDoel)

Een onderbewust einddoel dat je hebt met je acties en je gedrag om je ouders ertoe te bewegen om hun negatieve mening over jou te veranderen in een positieve, wat jou dan het gevoel geeft een 'echt' mens te zijn.

Op Vals Zelf-Gevoel gericht Systeem

Het gehele onderbewuste systeem van patronen van behoeftes, gedrag, gewoontes, overtuigingen, doelstellingen en angsten die gericht zijn op het verkrijgen van op prestatie gebaseerde goedkeuring, dat een ongezonde basis voor het leven.

Overlevingsstrategie uit de Vroege Jeugd (OSVJ)

De conclusies die je als baby en als kind instinctief trekt om in je behoeften te voorzien, en waardoor je op zoek gaat naar goedkeuring als je geen ouderlijke erkenning krijgt als uniek en op zichzelf bestaand individu. Dit proces vormt de basis voor een ongezonde manier om je Zelf te ervaren.

Scanmodus

Je ogen bewegen rusteloos, op zoek naar mogelijkheden om te 'Scoren'(zie de definitie hieronder), wat de behoefte aan goedkeuring en een 'Goed-gevoel-over-jezelf' zou bevredigen. Scanmodus duidt op activiteit die gericht is op het bereiken van een ongezonde manier om je Zelf te ervaren.

Scoren

Het met succes gebruiken van een Voertuig om een Ego-Referentie te verbeteren; een succes dat ervaren wordt als het Scoren van punten op weg naar je Verborgen Doel, resulterend in een 'Goed-gevoel-over-jezelf', wat dient als plaatsvervanger voor de echte Zelf-ervaring.

Spiegelen

De wederzijdse, onderbewuste, verbale en non-verbale processen waarin een kind de fundamentele feedback krijgt van de ouder/verzorger of het écht 'gezien' en behandeld wordt als een onafhankelijk individu, of slechts als een middel om de emotionele behoeften van de ouder(s) te vervullen.

Vals Zelf-Gevoel (VZG)

Een psycho-emotionele constructie die zich ontwikkelt als kunstmatige ruggengraat voor de psyche van kinderen die door hun ouders/verzorgers als een verlengstuk van zichzelf worden beschouwd, wat voor die kinderen (ook nog in hun volwassen leven) leidt tot dwangmatig streven naar op prestatie gebaseerde goedkeuring.

Verborgen Agenda

Een onderbewust doel dat je handelingen en gedrag aandrijft. Het gaat hier niet om het gewone, voor de hand liggende, voorspelbare doel, maar om een tot in perfectie uitvoeren van een Ego-Referentie, als de enige manier om je veilig te voelen op weg naar het bereiken van je Verborgen Doel: door je ouder/verzorger geaccepteerd en erkend worden.

Verborgen Doel

Het ultieme, onderbewuste doel om goedkeuring van je ouder/verzorger te krijgen. Deze goedkeuring werkt als een ongezonde vervanging voor het gevoel gewaardeerd en erkend te worden als een 'echt' mens.

* Het Verborgen Doel hoeft niet altijd ouderlijke goedkeuring te zijn; het kan ook te maken hebben met het proberen los te raken van traumatische jeugdervaringen, zoals gepest worden, je niet geaccepteerd voelen door leeftijdgenoten, etc.

Verinnerlijkte Ouderlijke Stem (VOS)

De voortdurend herhaalde, verbale en non-verbale boodschappen, die ouders, bewust of onbewust, uitzenden naar hun kinderen; deze worden in hun hoofd geprent als fysieke neurologische paden, zodat ze later door het kind beschouwd worden als een onbetwiste waarheid over zichzelf.

Verstrengeling

Een ongezonde relatie tussen het kind en de primaire verzorger. De identiteit van het kind kan zich niet ontwikkelen en zijn motivatie blijft gericht op het verkrijgen van goedkeuring van de volwassene, wat extreme afhankelijkheid van de goedkeuring van die volwassene tot gevolg heeft.

Vertekenende Spiegel

Het proces waarin ouders of primaire verzorgers niet in staat zijn om hun kind te erkennen als een op zichzelf bestaand mens, omdat zij te zeer bezig zijn met hun eigen problemen en emotionele behoeftigheid. Als kind trek je de onvermijdelijke conclusie dat je bent zoals je je weerspiegeld ziet door je verzorger. Een begrijpelijke, maar onjuiste conclusie die verstrekkende, negatieve gevolgen kan hebben.

Voertuig

Een handeling of gedrag, bedoeld om specifieke vaardigheden of karaktereigenschappen te tonen, en niet om het voor de hand liggende, gewone doel ervan. De enige drijfveer is het verkrijgen van goedkeuring (Goedgevoel).

Zelf-Gevoel (ZG)

Een bewust en/of onbewust besef dat je zelfstandig bestaat als een uniek en potentieel autonoom mens.

(Het) Zwarte Gat

Metafoor voor een ondraaglijk en angstaanjagend gevoel van leegte en 'onzichtbaarheid,' zoals iemand met een Gebrek aan Zelf-Gevoel dat ervaart, omdat hij/zij zich niet een 'echt,' bestaand persoon voelt. Dit Zwarte Gat zuigt, bijna zoals een natuurkracht, gedrag en prestaties naar zich toe die tot goedkeuring zouden kunnen leiden. Het vult zichzelf met alles wat kan dienen als Vals Zelf-Gevoel, wat onmiddellijk resulteert in de angst om dit weer te verliezen.

De Twaalf
Herconditionerings-stellingen

I   Mijn leven en mijn lichaam zijn van mij.

II   Ik ervaar mijzelf op directe wijze.

III   Ik ben in het 'Hier en Nu'.

IV   Ik denk voor mezelf.

V   Ik ben me volledig bewust van mijn zintuigen.

VI   Ik heb toegang tot mijn eigen gevoelens, voorkeuren en meningen.

VII   Ik zie andere mensen voor wie ze zelf zijn.

VIII   Ik voer gesprekken om informatie uit te wisselen, of gewoon voor mijn plezier.

IX   Mijn werk gaat echt alleen om mijn werk; ik ben voor mijn Zelf-Gevoel niet afhankelijk van de resultaten van mijn werk.

X   Terugval (in het Op Vals Zelf-Gevoel gerichte Systeem) ligt altijd op de loer.

XI   Ik ben er klaar voor om mijn leven te delen met anderen.

XII   Ik ben er klaar voor om deel uit te maken van een gezonde samenleving.

De Twaalf Herconditionerings-stellingen

Ik ben er klaar voor om deel uit te maken van een gezonde samenleving

XII

Ik ben er klaar voor om mijn leven te delen met anderen
XI

Mijn leven en mijn lichaam zijn van mij
I

Terugval ligt altijd op de loer
X

Ik ervaar mijn Zelf op directe wijze
II

Mijn werk is mijn werk, en niet mijn leven
IX

Ik ben in het 'Hier en Nu'
III

Ik voer gesprekken om informatie uit te wisselen, of gewoon voor de lol
VIII

Ik denk voor mezelf
IV

Ik zie andere mensen zoals ze zijn
VII

VI

V

Ik ben me volledig bewust van mijn zintuigen

Ik heb toegang tot mijn eigen gevoelens, voorkeuren en meningen

Anhangsel 5

Voordelen van een Gezond Zelf-Gevoel

Hieronder een overzicht van de voordelen van een gezond zelfgevoel, waarbij je kunt zien dat er behalve een verbeterde/goede nachtrust nog vele andere potentiele problemen worden opgeheven.

Opvoeding

- Meer geduld
- Beter in staat tot opvoeden
- Minder woedeaanvallen en ruzies binnen het gezin
- Meer respect voor kinderen
- Betere leervaardigheden voor kinderen

Relaties

- Meer kans om liefde te vinden, te geven en te ontvangen
- Minder de neiging controle uit te oefenen over anderen en over de omstandigheden
- Meer compassie, empathie, tolerantie; minder vijandigheid
- Betere sociale vaardigheden (vrienden, familie, collega's)
- Betere communicatieve vaardigheden
- Minder echtscheidingen

Ouderen*

- Betere algemene gezondheid
- Mogelijk minder gevoeligheid voor bepaalde ouderdomsziekten als alzheimer en dementie
- Meer voldoening

---

* Onze ouders, en wijzelf als wij ouder/opvoeder worden!

Zelfhulp

* Minder stress
* Meer ontspannen zenuwen
* Beter werkende spijsvertering
* Geen zelfsabotage
* Minder of geen migraineaanvallen

Slaapproblemen

* Slapen beter
* Betere algemene conditie
* Meer energie, voelen zich actiever
* Maatschappelijk meer betrokken

Angst en wanhoop

* Minder paniekaanvallen
* Minder depressiviteit: voelen zich prettiger en zijn meer betrokken; voelen zich levendiger en kunnen helderder denken
* Geen zelfmoordneigingen of –daden: meer levensvreugde, geluk, succes
* Betere zelfacceptatie, en daarmee ook acceptatie van anderen

Verslavingsgedrag

* Minder geneigd tot drugsmisbruik; gezondere gewoontes
* Minder verslavingsgedrag; kunnen beter maat houden (shopping, seks, internet, TV, gokken, eten etc.)
* Minder dwangmatig gedrag
* Meer zelfachting
* Prettiger gezelschap

Gewelddadig gedrag

* Minder ongecontroleerd gedrag (zoals woedeuitbarstingen)
* Minder geweld en gescheld
* Minder oorlog
* Meer verantwoordelijkheid voor hun gedrag

Criminaliteit

* Meer gezond verstand, meer werkelijkheidszin
* Een betere balans tussen hoofd en hart; 'echte', onvervalste gevoelens
* Beter inzicht in het functioneren van de maatschappij
* Minder problemen met geld

Uitvoerende artiesten

* Betere zelfexpressie
* Minder faalangst (podiumvrees)

Maatschappij, gemeenschap, wereld

* Meer compassie en empathie
* Gevoel voor hun eigen beperkingen, grenzen, potentieel en talenten
* Meer duidelijke voorkeuren en meningen en een eigen smaak, en durven daar makkelijker voor uit te komen

Algemene gezondheid en welzijn

* Betere algemene gezondheid
* Minder last van reisziekte
* Minder gevoelig voor ongelukken die het gevolg zijn van ongefocust en grillig gedrag
* Minder last van vermoeidheid van de ogen
* Meer gemoedsrust

Succes in werk en zaken

* Succesvoller in zaken en andere creatieve uitingen (**Directe Motivatie**)
* Minder vatbaar voor beroepsgerelateerde blessures (musici!) door ontspannener spieren
* Meer kans om hun doel (welk doel dan ook) te bereiken (directe motivatie)
* Beter concentratievermogen
* Beter geschikt voor teamwork
* Beter in staat om zich te committeren.

Zelfverwezenlijking

* Meer zelfvertrouwen
* Hogere levenskwaliteit
* Goede verstandhouding met zichzelf. Betere zelfacceptatie
* Vermogen tot zelfverwezenlijking en het leven ten volle te leven
* Kunnen beter omgaan met kritiek – minder overgevoelig daarvoor
* Zitten lekkerder in hun vel
* Beter op hun gemak in een menigte
* Beter op hun gemak in hun eentje
* Weten beter wat ze willen
* Betere 'flow' in hun leven
* Beter afgestemd op hun eigen 'blauwdruk'.

Dankwoord

De publicatie van dit boek is mede mogelijk gemaakt door de scherpzinnige bijdragen van Raghenie Bhawanie. Als geen ander heeft zij het belang van de onbevangen lezer vooropgesteld en door haar toedoen ben ik in staat geweest het betoog zo duidelijk te stellen als mijn doel was.

Met veel dank aan Marco Scozzi, die met eindeloos geduld en toewijding de nieuwe (Balboa 2023) versie heeft vormgegeven. Zijn betrouwbaarheid om 'er te zijn' voor mij en voor al mijn boeken is exemplarisch. Hem komt danook een groot deel van de verdienste toe dat dit boek, na legio avonturen, alsnog het Nederlandse licht mocht zien.

Tesamen hopen wij dat iedereen die dit boekje nodig heeft niet teleurgesteld zal zijn in het resultaat van het toepassen van de Zelf-Gevoel Methode.

Vertaling te Baarle-Nassau. Nederland, 15 Juli 2023

Over de auteur

Antoinetta Vogels, auteur van de Zelf-Gevoel Methode en oprichtster van Gezond Zelf-Gevoel, de Nederlandse afdeling van HealthySenseOfSelf, een zelfhulpprogramma voor mensen die een goede nachtrust wensen.

Onder de naam *Gezond Zelf-Gevoel* bespreekt Antoinetta hoe je natuurlijk vermogen om te slapen, verloren kan raken. Als je in je kinderjaren niet wordt erkend als een opzichzelfstaand persoontje dat je in wezen bent, kan de relatie met jezelf *en* anderen, ontsporen. Met de Zelf-Gevoel Methode heeft zij oefeningen en technieken ontwikkeld om de gevolgen van deze situatie te overwinnen.

Antoinetta is vlak na de Tweede Wereldoorlog in Nederland geboren. Haar slapeloosheid ontstond vlak na de geboorte van haar eerste kind om hierna een kleine 25 jaar te duren. Antoinetta heeft een opleiding in de Franse taal–en letterkunde. Gedurende 18 jaar werkte zij als fagottiste in verschillende gerenommeerde klassieke symfonieorkesten. De oplossing van haar slaapprobleem vond zij door haar eigen gedrag, gedachten en gevoelens te bestuderen. Deze methodiek leidde uiteindelijk tot de Zelf-Gevoel Methode.

Zij heef veel tijd besteed aan het herstellen van haar *eigen* zelf-gevoel. Het is haar recept voor een goede nachtrust en een zo gelukkig mogelijk leven.

'Je hebt maar één leven; zorg dat het van jou is!

Schrijfster van

'Gezond Zelf-Gevoel, dé methode om het beste uit jezelf te halen'

'Gezond Zelf-Gevoel Dagboekje,
een inspiratiebron voor persoonlijke en wereldvrede'

Alle boeken zijn verkrijgbaar op
Amazon:
https://amzn.to/3AN8Mt6
en o.a. bij
Balboa Press International:
https://bit.ly/3NsQmFB

'De Online Wees Jezelf Cursus'
Alleen verkrijgbaar op www.Gezondzelfgevoel.nl

———————————————————

'Het Wees Jezelf Werkboek'
is verkrijgbaar op Amazon.nl

20 Juli, 2023
Baarle-Nassau, Nederland

Printed in the United States
by Baker & Taylor Publisher Services